SpringerWienNewYork

CONSEQUENCE BOOK SERIES ON FRESH ARCHITECTURE
VOL. 8

HERAUSGEGEBEN VON / EDITED BY
iCP - INSTITUTE FOR CULTURAL POLICY

BELRINGER, BERLINGER, FIEL

TAT ORT

INWENDIG

Springer Wien New York

iCP – Institute for Cultural Policy

Leitung / Direction:
Patrick Ehrhardt
Wolfgang Fiel

Öffentlichkeitsarbeit / Public relations:
Andrea Möller, Hamburg

www.i-c-p.org

© 2007 Springer-Verlag/Wien
Printed in Austria
SpringerWienNewYork is a part of
Springer Science+Business Media
springer.com

Umschlagbilder Cover illustrations: © 2007 tat ort
Layout: Andreas Berlinger; London / tat ort; Vienna
Druck Printing: Holzhausen Druck & Medien GmbH
1140 Wien, Österreich

Gedruckt auf säurefreiem, chlorfrei gebleichtem Papier - TCF
Printed on acid-free and chlorine-free bleached paper
SPIN: 11404316

Mit zahlreichen (großteils farbigen) Abbildungen
With numerous (mainly coloured) illustrations

Bibliografische Informationen Der Deutschen Nationalibliothek
Die Deutsche Nationalbibliothek verzeichnet diese Publikation in
der Deutschen Nationalbibliografie; detaillierte bibliografische
Daten sind im Internet über <http://dnb.d-nb.de> abrufbar.

ISBN 978-3-211-25246-8 SpringerWienNewYork

Consequence: Rendering the boundaries

´Is urban architecture in the process of becoming a technology just as outdated as extensive farming? Will architectonics become nothing more than a decadent form of dominating the earth, with consequences analogous to the unbridled exploitation of raw materials? Hasn't the decline in the number of cities also become the symbol of industrial decline and forced unemployment, the symbol of scientific materialism's failure? (...) The crisis of modernity's grand narratives, about which Lyotard speaks, betrays the presence of new technology, with the emphasis being placed, from now on, on the „means" and not on the „ends"´ (Virilio 1999).

In Anknüpfung an obiges Zitat von Paul Virilio gehen wir von der These aus, dass das Berufsbild der ArchitektIn einem grundsätzlichen poststrukturalistischen Wandel unterliegt. Mit der Immersion der digitalen Medien und elektronischen Apparate muss die Definition des architektonischen Raums einer grundsätzlichen und zeitgemäßen Revision unterzogen werden. Während das psychische Modell des modernistischen Raumparadigmas mit der Echzeiterfahrung im physischen Realraum noch kongruent war und durch die Regeln der klassischen Perspektive hinreichend beschrieben werden konnte, führt die rhizomatische Organisation der Datennetzwerke an den Schnittstellen global verteilter Userterminals zum Verlust der Wahrnehmung räumlicher Tiefe zugunsten einer kinematografischen Zeittiefe. Die Ästhetik stabiler Bilder wird durch die Ästhetik des beschleunigten Verschwindens labiler Bilder ersetzt. Räumliche Exploration erfolgt nunmehr weltumspannend an jedem beliebigen Ort, während Simultanität in elastischen Zeitintervallen erfolgt und durch die „Trägheit des Auges" bestimmt wird.

Das heisst aber auch, dass wir einen Paradigmenwechsel von der Repräsentation zur Interpretation vollziehen, der eng mit der Frage nach der Konstituierung brauchbarer Schnittstellen verbunden ist. Die von Virilio angesprochene Verlagerung von der Zielfunktion (ends) zur Wahl der Mittel (means) im Rahmen einer prozesshaften Kultur des Ereignisses entspricht gleichzeitig einer Verschiebung von der Metaebene eines dialektischen Theoriebegriffs zur mikropolitischen Praxis improvisatorischen Handelns.

Mit der Auswahl der im Rahmen der Ausstellungsreihe „consequence" präsentierten ArchitektInnen soll die gängige Praxis gegenwärtiger Architekturproduktion hinterfragt werden. Sie verkörpern auf exemplarische Weise die vielfältigen Ausdrucksformen im Zuge der skizzierten Neudefinition des Berufsbilds. Die jeweiligen Tätigkeitsfelder sind durch die systematische Entwicklung partikularer Forschungsschwerpunkte gekennzeichnet, einer Art mikropolitischer und methodischer Praxis an den Rändern der eigenen Profession sowie im transdisziplinären Crossover unterschiedlicher Disziplinen. Die Arbeitsweisen haben einen Hang zum Technologischen, sind narrativ, performativ, spekulativästhetisch und verfügen über ein Problembewusstsein, das auf einer konzeptuellen Ebene verankert ist oder am spezifischen Kontext festgemacht werden kann. Mit der Auswahl soll auf eine Generation aufmerksam gemacht werden, die mit ihren Arbeiten neue diskursive Räume erschließt.

Wolfgang Fiel, Hamburg, Juni 2005

Virilio, P 1999, ´The overexposed city´, in Druckrey, T. & Ars Electronica (eds.), Facing The Future, MIT Press, Cambridge, pp. 276-283.

Consequence: Rendering the boundaries

`Is urban architecture in the process of becoming a technology just as outdated as extensive farming? Will architectonics become nothing more than a decadent form of dominating the earth, with consequences analogous to the unbridled exploitation of raw materials? Hasn't the decline in the number of cities also become the symbol of industrial decline and forced unemployment, the symbol of scientific materialism's failure? (...) The crisis of modernity's grand narratives, about which Lyotard speaks, betrays the presence of new technology, with the emphasis being placed, from now on, on the „means" and not on the „ends"´ (Virilio 1999).

Following up to the statement from Paul Virilio, the claim is set out, that the profession of the architect currently undergoes a significant post-structuralist change. With the immersion of digital media and electronic apparatus the definition of physical space and its perception has to be fundamentally revised. Whilst the psychological imprint of the modernistic dimension of space was specified by significant „time distances" in relation to physical obstacles, represented by the rules of perspective, the rhizomatic nature of electronic networks - accessable via the interfaces of globally distributed userterminals – has subsequently led to the loss of spatial depth in exchange for the cinematic depth of time. The believe in the enduring objectives of dualistic determinism has been succeeded by an aesthetic of the accelerated disappearance of transient images. The exhaustion of temporal distance creates a telescoping of any localization, at any position and any time, for it simultaneity is measured in elastic time-intervalls equivalent to the retinal persistance - the after image. Likewise we face a paradigmatic change from the era of representation to one of interpretation which is closely bound to the need of creating operable interfaces. In the light of the turn from the „ends" to the „means" as aforementioned, a process-oriented culture of events would cause an improvisational turn from the meta-level of the dialectic theory-notion toward a micropolitical practice.

With the choice of architects within the scope of „consequence", well established modernistic modes of architectural representation are challenged. All of these architects embody a wide range of formal expression, as a result of their unique endeavour in research and architectonic practice alike. Their particular fields of activity are characterized by a tentative policy in exploring and augmenting the boundaries of the profession as well as to foster a prolific interchange with other disciplines. The modes of operation are technological, often do follow narratives, are performative, speculative in their account for novel aesthetics and demonstrate a sensible awareness for current local phenomena and global developments, which can be tied to a specific context or are expressed on a conceptual level. With the choice for fresh accounts from a new generation of experimental architects, we aim to launch new territorries of discourse.

Wolfgang Fiel, Hamburg, June 2005

Virilio, P. 1999, `The overexposed city´, in Druckrey, T. & Ars Electronica (eds.), Facing The Future, MIT Press, Cambridge, pp. 276-283.

Über / About iCP

Das `Institute for Cultural Policy´, wurde 2004 als unabhängige und interdisziplinäre Forschungseinrichtung in Hamburg/Deutschland gegründet. Das iCP bietet die Infrastruktur und ist diskursive Plattform für die Förderung und Weiterentwicklung des Austausches zwischen Architektur, Kunst, Wissenschaft und Industrie.

The `Institute for Cultural Policy´, was founded in 2004 as an independent and cross-disciplinary research institution in Hamburg/Germany. The iCP provides the infrastructure and is a platform for discourse fostering a prolific exchange between architecture, art, science and industry.

Kooperationen / Cooperations

Hamburger
Architektur Sommer
2006

Die Ausstellung mit dem Titel `INWÄNDIG´ vom 15.09. - 23.10.2006 im iCP Hamburg war eine Veranstaltung im Rahmen des Hamburger Architektur Sommer 2006.
The exhibition with the title `INWÄNDIG´ from 15.09. - 23.10.2006 at the iCP Hamburg was an event within the framework of the Hamburger Architektur Sommer 2006.

Danksagung / Acknowledgements

Die Herausgeber bedanken sich bei allen, die am Zustandekommen des Projekts beteiligt waren, im Speziellen Amelie Graalfs, Andrea Fauck, Jenny Kauner, David Marold (SpringerWienNewYork), Martin Moser, Andrea Möller, Barbara Schiess, Martin Wagner, Bundeskanzleramt Österreich/Sektion Kunst, Land Vorarlberg - Kultur, sowie tat ort für die ausgezeichnete Zusammenarbeit.

an_arch
Skizzen zu/r Architektur-Ontologie/n[1]

„Einer dieser Lieblingspläne war es gewesen, den Burgplatz loszulösen von der ihn umgebenden Erde, das heißt, seine Wände nur in einer etwa meiner Höhe entsprechenden Dicke zu belassen, darüber hinaus aber rings um den Burgplatz bis auf ein kleines, von der Erde leider nichtloslösbares Fundament einen Hohlraum im Ausmaß der Wand zu schaffen. In diesem Hohlraum hatte ich mir immer, und wohl kaum mit Unrecht, den schönsten Aufenthaltsort vorgestellt, den es für mich geben konnte."[2]

*

festhalten: dass sich in/an Architektur *Denken* zeigt: was ist dann Architektur? was sind dann Architektur-Ideen?

*

Das Drinnen des Drinnen denken! Das ist eine Aufforderung von *inwändig* (ganz im Licht der Architektur und ihrer perennialen ästhetischen und funktionellen Beziehungen zwischen Innen und Aussen, Hülle und Raum, und – Klammer über alles – Mensch)? Als *Ein*wand oder Inversion? In einen vorhandenen Raum/Gebäude ist ein neuer Raum hinein*gezimmert* – eine (begehbare) *Wand*. Die Metaphorik des Drinnen des Drinnen entbirgt den Wunsch, dort *sein* zu können, wo es uns die Materie verweigert. Das gelingt nur literarischen Fiktionen. Der *Passe-muraille* von Marcel Aymé kann eines Tages durch Wände gehen und bleibt schließlich in der Mauer gefangen.[3] *inwändig* etabliert vielfache Nähen: zur Architektur als Installation, zum Theater, zur Kunst als Installation, zur Arbeit etc. Aber, vor allem, zum In-Sein, als Teilnahme/Ausschluss von Drinnen und Draußen. Franz Kafkas *Bau* (das althochdeutsche *dahs* enthüllt den Dachs als den Bauenden) erzählt mit gebotener Dringlichkeit von der Nähe des Drinnen, ihrer Unentrinnlichkeit und Präsenz: Wir sind schon Drinnen.

*

inwändig ist ein Hinein-Stellen – in ein (vorhandenes) Drinnen. Dass sich Architektur so installiert ist selten. Ein früheres, vielleicht erstes Beispiel: Friedrich Kieslers „In-stallation" im Pariser *Grand Palais* (Sonderausstellung des zeitgenössischen österreichischen Theaters) anlässlich der *Éxposition Internationale des Arts Décoratifs et Industriels Modernes,* Paris 1925. Hier soll Anderes ausgestellt werden als Theater-Kunst und deren *gewerbliche* Gegenstände. Der Raum ist *faktisch* verstellt durch ein Gerüst, das er L(eger)-T(räger)-System nennt. Es dient zur Präsentation der eigentlichen Ausstellungsgegenstände. In einem gemeinsam mit Maurice Raynal verfassten Flugblatt macht Kiesler kein Hehl daraus, worum es hier gehen soll: um Architektur an sich, um ihren visionären Ent-wurf als *contre-architecture*. Die *contre-architecture* erzählt nicht von Häusern oder Bauwerken, sie ist die Vision einer unendlichen Stadt, einer *Raumstadt*, der Welt *qua* Stadt. Sie hebt vom Bo-

[1] gr. *anarchos*: ohne Anfang; *anarchia*: Herrenlosigkeit, gesetzloser Zustand; Ungehorsam; vor allem aber auch das Fehlen eines Archonten, jenes ausgewählten Ersten der Staatsämter; hier will an-arch das Erste-Sein (arché) im Begriff Architektur zur Diskussion stellen, natürlich darf das Ungehorsame, Anarchische im Begriff mitschimmern

[2] Kafka, Franz [1923/24] „Der Bau", in: Raabe, Paul [Hg.] (1970): *Franz Kafka. Sämtliche Erzählungen* (Franfurt a. Main; Hamburg: Fischer), S. 377

[3] Aymé, Marcel [1943] : „Le Passe-muraille", in: Kemmner, Ernst [Hg.] (2004): *Marcel Aymé. Le Passe-muraille et autres nouvelles* (Stuttgart: Reclam), S. 3-24

1

den *ab* und, als Gegen-Architektur, die bis dahin geltende Architektur selbst *auf*. „Es ist genug Architektur gemacht worden. […] Statt Ornamente glatte Mauern, statt Kunst Architektur – nichts von alledem: ich fordere den *Vitalbau*, die *Raum-stadt*, die *funktionelle Architektur*."[4] Kiesler kann auf zweifache Weise *abheben*: im *So-tun-als-ob* seines Gestells, und vor dem Hintergrund der gesamten Ausstellung selbst. Auch andere können übrigens (sich) abheben: Le Corbusier (*Pavillon de L'Ésprit Nouveau*), Melnikov (*Sovjetrussischer Pavillon*), oder Mallet-Stevens (*Pavillon für Tourismus*). Die große Ausstellung selbst war dekorativ, mit besonderem Augenmerk auf die Oberfläche und das Ornament (parergon), obwohl eine Teilnahmevoraussetzung war, modern zu sein und keinem vergangenen Stil zu huldigen. Gezeigt hat sich letzlich eine pluralistische Vielfalt, ein Sammelsurium an Gegenständen, Architekturen, Inneneinrichtungen etc., und vor allem: die Unterschiede zwischen der Politik der Ästhetik der jeweiligen Nationalstaaten mit ihren Pavillons und der Politik der Ästhetik jener Beiträge, die sich selbst als wirklich modern auffassten. Melnikov, Le Corbusier, Mallet-Stevens und vor allem auch Kiesler konnten das Gewöhnliche und, in ihren Augen, Rückschrittliche der übrigen Pavillons nutzen, um sich selbst vor diesem Hintergrund abheben zu können. Kiesler brauchte gar keinen Pavillon, um seine Idee von Architektur als *besonderes* Ereignis zu setzten. Sein Pavillon war schon da, und zwar als Grund für die Figur *Raumstadt*. Ein vormals so moderner, nun doch verbrauchter Hintergrund, wie ihn der *Grand Palais* durch seine eigene Herkunft aus der Idee der Weltausstellungen (1900 Paris) bezeugte.

*

„L'événement interrompt la répétition. Mais la répétition ne répète que l'événement."[5] Kacems Eröffnungssatz für die erste *Séance* seines Buches *Événement et répétition* schlägt die Frage auf: was ist/war zuerst? Ereignis oder Wiederholung? Wir erinnern uns an Epikur. Am Anfang war die Wiederholung, der unaufhörliche senkrechte Fall der Atome in strengster Parallelität ihrer Bahnen. Noch vor der Entstehung der Welt waren bereits alle ihre Elemente da und gleichzeitig nichts da, kein Sinn, kein Grund noch Zweck, keine Vernunft oder Unvernunft.[6] In der Ontologie Alain Badious[7] die Inkonsistenz der *pure multiplicités* (reinen Vielheiten)? Doch dann bricht in das unaufhörlich Gleiche ein Ereignis ein, unvorhersehbar und kontingent: ein einziges Atom wird durch das *clinamen* (lat. *clinamen* bedeutet Beugung und stammt vom Zeitwort *clino*, biegen, beugen, neigen ab) zu einer infinitesimal kleinen Abweichung gebracht. Das führt zu einer Begegnung mit einem anderen Atom. In einer Kettenreaktion kommt es so zur Aggregatbildung durch Zusammenprall und Repulsion, und in der Folge zur Entstehung der Welt. Somit ist „der Ursprung jeder Welt, also aller Realität und allen Sinns" durch eine Abweichung begründet. Dass weder kausale noch vernünftige Gründe, sondern die Abweichung für das Entstehen der Welt ausschlaggebend ist, „gibt eine Vorstellung von der Kühnheit der These Epikurs."[8]

*

[4]*De Stijl*, Nr. 10/11, 1925, S. 146. cit. in: Bogner, Dieter [Hg.] (_1988): *Friedrich Kiesler - Architekt Maler Bildhauer 1890-1965* (Wien: Löcker), S. 23

[5]Kacem, Mehdi B. (2004): *Événement et répétition* (Auch: Tristram), S. 23. „Das Ereignis unterbricht die Wiederholung. Aber die Wiederholung wiederholt nur das Ereignis." (meine Übers.)

[6]vgl. Althusser, Louis ([o.J.]1994): "Le courant souterrain du matérialisme de la rencontre", in: *Écrits philosophiques et politiques*, Bd. 1 (Paris: Éd. Stock/Imec), S. 539-579, Eine dt. Übersetzung des Textes im Kontext eines Seminars von Isolde Charim an der Universität Wien entstanden und online veröffentlicht auf http://www.episteme.de/htmls/Althusser.html, cit. S. 2

[7]vgl. Badiou, Alain (1988): *L'étre et l'événement* (Paris: Seuil) und Ders., (2006): *Logiques des mondes* (Paris: Seuil). Die beiden Bücher stellen als *opus magnum* seine auf dem *mathem* basierende Ontologie des reinen Mannigfaltigen sowie seine Logik der Erscheinung dar.

[8]Althusser, loc.cit., S. 3

Die Unterbrechung, Abweichung, Störung des Laufs einer Welt, das Ereignis, ist unvorhersehbar und kontingent und bringt das Neue mit sich. "A genuine artistic creation is a rupture (event) from which a truth procedure (the long term evaluation of what an idea is capable of) springs (or might spring)", so Badiou. Das Ereignis *Raumstadt* ist eine Unterbrechung in der Produktion von Architekturwerken. Die Spur dieses Ereignisses führt in folge zur Produktion des Korpus (Sujet im Sinne des Beinhalteten) des Begriffes *Raumstadt*, veranlasst durch die aleatorische Begegnung von Subjekten mit dem Ereignis. „The subject, then, is the set of axioms, geneses, and processes of this body insofar as it is composed in the world, point by point or obstacle by obstacle. This is the material process that is the process of truth."[9] Wir wissen heute, daß das *Raumstadt-Ereignis* (oder *Kiesler-Ereignis*) im *Grand Palais* Treueprozeduren[10] innerhalb der occidentalen Architektur ausgelöst hat, die sich in Europa allerdings erst nach der Zäsur des Krieges entwickeln konnten. Dazu zählen: in den 50-iger Jahren Constants und Debords Idee des *Unitären Urbanismus*, ebenso wie Konrad Wachsmanns große *Stukturen*, Buckminster Fuller schon Ende der 30er Jahre, oder Schulze-Fielitzs buchstäbliche Bezugnahme mit *Die Raumstadt*; Constants *Neu Babylon* (1960) zeigt ebenso wie Yona Friedmans *Raumstadtbau* die Referenz zu Kiesler. Das Neue im Zusammenhang mit dem Ereignis kriegt bei Hegel diesen Stellenwert: die Umgestaltungsarbeit des Geistes beim zerbröckelnden Übergang zu einer neuen Zeitperiode ist kein allmählicher Übergang, kontinuierlich und langsam, sondern ein jäher Aufgang (Metapher der Geburt), „der, ein Blitz, in einem Male das Gebilde der neuen Welt hinstellt." Das Neue bricht als Ereignis ins Zerbröckeln ein. Aber, das Neue ist unvollkommen und im ersten Auftreten zeigt sich vorerst seine Unmittelbarkeit (Metapher des unfertigen Gebäudes), der erreichte *„einfache Begriff"* des Ganzen (der neuen Gestalt), der nicht das Ganze selbst ist, sondern der Begriff selbst als in seine Einfachheit verhüllt. Die Wirklichkeit des einfachen Ganzen sind aber nicht die zu Momenten gewordenen Gestaltungen, sondern deren Entwicklung im Lichte der neuen Elemente. Das Ereignis als erste Erscheinung der neuen Welt – „ das in seine Einfachheit verhüllte Ganze" – entbehrt in der neu erscheinenden Gestalt noch „die Ausbreitung und Besonderung des Inhalts; noch mehr aber vermißt es die Ausbreitung der Form, wodurch die Unterschiede mit Sicherheit bestimmt und in ihre festen Verhältnisse geordnet werden."[11]

*

Ein radikales künstlerisches Ereignis, z.B *Raumstadt*, ist ein Umschlag (gr. *metabolé*), der die chaotische Disponiertheit der Sinne/Sinnlichkeit innerhalb des sensorischen Regimes der Architektur in eine neue Beziehung zwischen Form und vormalige Formlosigkeit (inkonsistente reine Vielheiten) bringt, sodass mit dem Erscheinen eines Kunstwerks auch die Sensibilität erweitert wird; das Neue, die Erweiterung um dieses Neue ist keine bloße (infinite) Addition, sondern vor dem Hintergrund der Form eine rekursive Umgestaltung der bisherigen Disponiertheit der jeweiligen Sinnlichkeit (Formalisierungsvermögen) im Ganzen. In der Folge des von Hegel oben Angedeuteten, und in Anlehnung an die Badiouschen Treueprozeduren in Hinblick auf ein radikales (architektonisches) Ereignis (Wahrheits-

[9] Badiou, Alain (2006): „Matters of appearance", Interview in: *Artforum*, Nov. 2006, S. 246-253 u. 322. cit S. 251

[10] Badiou, Alain (1988): *L'étre et l'événement* (Paris: Seuil). In Mediation 23 von *L'étre et l'événement* ist zu lesen: „Ich nenne Treue die Gesamtheit der Vorgänge (Menge der Prozeduren), durch die man in einer Situation die Vielheiten unterscheidet, deren Existenz von einer ereignishaften Vielheit abhängt, welche – unter dem überzähligen Namen, den ihr ein Eingriff zugewiesen hat – in Bewegung gesetzt worden ist. Eine Treue ist letztlich die Anordnung (das Dispositiv), welche in der Menge der präsentierten Vielheiten diejenigen aussondert, die von einem Ereignis abhängen. Treu zu sein, heißt das Legalwerden eines Zufalls zusammenfügen und hervorzuheben." in: Ders., ([1988]2005): *Das Sein und das Ereignis* (Berlin: diaphanes), S. 263

[11] Hegel, Gottfried Wilhelm ([1807]_1991): *Phänomenologie des Geistes* (Frankfurt a. Main: Suhrkamp), S. 18

prozess), etabliert das Neue allmählich seine Privation durch die Normalisierung und akademische Verortung, z.B. in der Entstehung von Schulen, Stilen, Klassen, Mengen von nachfolgenden Ereignissen. Gebaute Architektur hat Anteil an/ist Lokalisierung. Erscheinung ist bei Badiou zugleich ein Seiendes und ein Ort, seine Stätte in einer Welt, die eine Versammlung von Vielheits-Mengen darstellt. Sobald eine reine Vielheit sich in einer Welt manifestiert, ist sie eine Präsentation und unterliegt der Logik der Erscheinung, d.h. sie wird konsistent. „We will call the <event> a local disruption in a world such that a term that appeared with a minimal degree of appearance comes to appear with a maximal degree of appearance."[12] Mit dem mehr oder weniger großen Grad an Intensität des Erscheinens geht eine Objektifikation (Formalisierung) einher, d.h. eine reine Vielheit wird ein Objekt, aber, immer nur in Bezug auf die jeweilige Welt, in der sie erscheint. Nur in einer anthropologisch bestimmten Welt kann z.B. ein Mensch ein Objekt werden. Zu sagen, daß der Mensch an sich ein Objekt ist, hat keinen Sinn, wenn man nicht die Welt, in der er/es erscheint spezifiziert.[13]

*

gr. *arché* ist Anfang, Ursprung; erste Veranlassung; aber auch Anführung, Herrschaft, Regierung, Behörde, Amt; Machtgebiet, Reich; *archaios* heisst dann uranfänglich, ursprünglich, uralt; archon bedeutet (räumlich) vorangehen, der Erste sein; herrschen, beherrschen; Statthalter (die Stätte halten! Architekt als Statthalter der Macht der Herrschenden?) auch *archontos* als oberster Beamter des Staates

gr. *tekton* bezeichnet den mit harten Stoffen arbeitende Handwerker; etymologische Wurzelform ist *teqs* und heisst zimmern, künstlich bilden; sanskrit: *táksati*, er zimmert; *táksan* ist der Zimmermann, Bildner; *tektosyne* ist dann die Zimmermannskunst und allgemeiner Baukunst; lt. *texere* heisst weben, flechten, übertragen auch bauen, verfertigen, errichten; *textura* ist Gewebe ebenso wie *textus*, übertragen auch Zusammenhang oder Gewebe der Rede, d.h. Darstellung, Inhalt, Text. vgl. auch die Verwandtschaft zu gr. *tikto*: gebären, erzeugen, werfen; hervorbringen, schaffen.

Gottfried Sempers Primat des Textilen als *arché* der Architektur impliziert, dass ihr Wesen durch die Tätigkeit des Webens, Flechtens, Vernähens bestimmt ist (wichtig die operative Dimension); durch Analogieschluß bezüglich seiner Stoffwechseltheorie folgt: mit der Materialersetzung zieht auch eine operative Ersetzung ein; aus dem Weben wird ein *Fügen*. Der Naht-Charakter (vgl. etwa *suture* bei Derrida) der Fuge bleibt dabei metaphorisch, erhalten. Zimmerei muß daher bei Semper im Licht des Webens gesehen werden. Deswegen nennt er es *pegma* (Gerüst, Gestell, Rahmen, das Zusammengesetzte, das Zusammenbefestigte; gr. *pegnymi* = befestigen, festmachen – auch im Sinne des Gerinnens oder Gefrierens, zusammenfügen; zimmern, bauen) hervorgehend aus der „Bekleidung" (Ornamentierung) früherer Hausgeräts, dem fürs Haushalten im *oikos* zuhandenen Zeug.[14] Weben heisst als *techné* im einfachsten Sinn Kette und Schuss vereinigen. Das Gewirk als Web-Ergebnis hat „Raum" miteingewoben. Aus dieser Blicknahme ist Raum bei Sempers Architekturtheorie grundlegend implizit, wenn auch nicht von ihm explizit gemacht. Letzendlich führt ihn (und vor allem seine Nachfolger) das Nicht-Ra-

[12]Badiou, Alain (2006): „Matters of appearance", Interview in: *Artforum*, Nov. 2006, S. 246-253 u. 322. cit S. 251

[13]ebd., S. 251

[14]Semper, Gottfried ([1860]1977): *Der Stil in den technischen und tektonischen Künsten oder praktische Aesthetik*, Bd. 1 (Mittenwald: Mäander), S. 210 u. 276ff.

dikaler-Denken der Ontologie des Webens zu sehr an das ausschließende Denken von Architektur als Artikulation einer Begrenzung bzw. Abschirmung (das Ausschließen hat er eben nicht gedacht). Eine ähnliche Parteinahme, allerdings in die andere Richtung ausschießend, zeigt sich ein halbes Jahrhunter später an der Architekturontologie von August Schmarsow. Der *Raum* ist das Wesen der Architektur. Sie ist *Raumkunst*![15] Früher noch, vielleicht als ein Erster, bezeichnet Hans Auer, kartesianisch trennend, den Raum als die Seele (*psyché* oder *pneuma*?) des Baus.[16] Häuser als Lebenshauchgebilde, die mit Lavaterschen charakterologischen Studiermethoden in ihrem Ausdruck beschreibbar werden. Die Folgen der Auffassung von Architektur als Raumkunst verblasen sich kaum im folgenden 20. Jahrhundert, trotz Soziologie, Psychologie oder analytischer Sprachwissenschaft als alternatives Erklärungs-Regime. Allerdings beginnt das dissidierende Regime des Begriffs *Zeit*, mit seinen Milizen wie Dauer (Bergson), Bewegung, Geschwindigkeit bis herauf zum Deleuzschen Virtuellen mehr und mehr in den Räumen der Architektur herumzuspuken. Im heimeligen, heimlichen *Bau* wird's un-heimlich und un-geheuer. noch ganz abstrakt: die Leere des Raums ist die Ungeschiedenheit, in die das Bauen (als Ereignis) unterscheidend einbricht. Platons *triton genos*, die alles aufnehmende Amme, *chora*, als formlose Ungeschiedenheit? „[…] was sich präsentiert bejaht sein Sein in der festen Anordnung seiner Grenze (π____)"[17]

*

„Èquiper la maison? Il fallait y songer."[18] Das Haus ausstatten heisst dann die Stadt, den Staat, die Welt auszustatten? Diese Ausstattung und Einrichtung ist immer schon *in* einem Hier-sein (das französische *il y a*; das Da an einem Ort, Platz, Stelle). Daher ist es ein Drinnen im jeweiligen Drinnen – einer Welt, einer Stadt, eines Hauses. Das Wohnen im Haus des Seins, an dem das Denken baut, sagt Heidegger, „ist das Wesen des >In-der-Welt-seins<. […]Die Rede vom Haus des Seins ist keine Übertragung des Bildes vom >Haus< auf das Sein, sondern aus dem sachgemäß gedachten Wesen des Seins werden wir eines Tages eher denken können, was >Haus< und >wohnen< sind."[19] Architektur als arché hat als *Existential* den Ort – topos, situs, etc. Sie ist wesenhaft ein das *In-Sein* ausstattendes Agens fürs Zuhause-Sein in einer Welt, das Wohnen.

*

Mengenbildungen (ihre architektonischen Figuren) des Drinnen-Seins; schalenkosmische Babuschka-Welten? Ein Haus muss wie eine Stadt sein. Die Struktur der Stadt schlägt bei Alberti auf das Haus durch, und dieses wiederum wirft sein Licht auf den Staat, die *res publica*. *Res publica, res privata*, die öffentlichen und die privaten Sachen, sie scheinen in der Mengenbildung und ihren Ein- bzw. Ausschlüssen nur gradueller Distinktion unterworfen zu sein: das Haus = Stadt = Staat. Alberti meint in Bezug auf die *res aedificatoria* (die wohlgemerkt immer eine *res publica* ist), also in eigener Sache, dass "der Staat, nach einem Grundsatz der Philosophen, ein großes Haus ist, und ein Haus hinwiederum ein kleiner Staat".[20] Die reflexive Eigenschaft sieht die Vielheiten *Haus* bzw. *Stadt* bzw. *Staat* als einzig in der Quan-

[15]Schmarsow, August (1893): *Das Wesen der architektonischen Schöpfung* (Leipzig: Karl W. Hiersmann)

[16]„Der Raum ist die Seele des Baues, die den Körper ausfüllt und nach aussen charakterisiert." aus: Auer, Hans W. (1883): „Die Entwicklung des Raumes in der Baukunst", in: *Allgemeine Bauzeitung*, Jg. 48, 1883, S. 65-68 u. 73-74, cit. S. 66

[17]Badiou, Alain ([1988]2005): *Das Sein und das Ereignis* (Berlin: diaphanes), S. 93

[18]Le Corbusier ([1929]81965): *Œuvre complète 1910-1929* (Zürich: Les Éditions d'architecture), S. 100. "Das Haus ausstatten? Darüber muss man nachdenken" (meine Übers.)

[19]Heidegger, Martin [1949]: „Brief über den »Humanismus«", in: Ders. ([1967]_1996)' *Wegmarken* (Frankf./Main: Klostermann), S. 311-364, cit. S. 358

[20]Alberti, Leon Battista ([1512] 1991): *Zehn Bücher über die Baukunst*. (dt. von Max Theuer, Darmstadt: Wiss. Buchges.) Buch I, Kap. 9, S. 47

tität (Mikro- und Makrokosmos) unterschieden, nicht in ihrem Wesen. An anderer Stelle schreibt er im Zusammenhang mit Wohngebäuden: „Und wie man in der Stadt das Forum und die Plätze, so wird man im Hause das Atrium, den Saal und die Räume dieser Art haben, die nicht an abgelegener, verborgener und enger Stelle liegen, sondern vollkommen zugänglich sein müssen, daß sie auf die übrigen Räumlichkeiten ganz unbehindert münden können."[21] Die Idee, die sich hier ausdrückt, ist die große Idee der Architektur, das *Haus der Welt* zu sein, ihre Ausstattung und Einrichtung, materialisiert in der Stadt, im Haus im Staat etc.

*

Raumstadt-Ereignis: Was ist, vor allem *wie*, durch das Hinein-stellen *aus*-gestellt? verkürzt: eine Schau österreichischer Theaterkultur und (die) *Raumstadt*. Eine gängige Lesart des L(eger)-T(räger)-Systems behauptet, daß die *Raumstadt* ein räumliches *Kontraktionsmodell* darstellt. Innerhalb der Herrschaft der klassischen Entwurfslogik/praxis agiert das Modell als Prä-diktion, als operative Vorwegnahme dessen, worauf innerhalb dieser Logik als *telos* abgezielt wird – auf das *wirkliche* Gebäude. In diesem Sinn herrscht ein einseitig gerichtetes Repräsentationsgeschehen. Erst in jüngerer Zeit klärt sich die hier aufgezeigte Stellung des Modells in der Kausalitätskette der Beziehungen zum Bau (als höchstes *telos*) insofern, als die Repräsentationsrichtung auch umgekehrt werden kann: das fertige Gebäude ist die Darstellung des operativen Modells.[22] Die Lesart als räumliches *Kontraktionsmodell* belegt beispielsweise die in einer Frage an Kiesler sich äußernde Rezeptionsschwierigkeit Le Courbusiers (Problem des buchstäblich Nehmens?): "Haben Sie die Absicht, Ihre Stadt von Zeppelins zu hängen?"[23] Aber gerade diese Lesart als Kontraktionsmodell einer Städtebaulichen Vision verstellt die nicht zu unterschätzende Neuheit und Besonderheit der Kieslerschen Intervention. Wichtig ist: Raumstadt und Ausstellungsgestell sind grundsätzlich *unähnlich*. Die Unähnlichkeit wird erzeugt durch die Vermengung von konkretem Objekt (L-T-System) und Flugblatt bzw. Manifest, das heisst, durch das simultane Erscheinen von *Ding* und *Wort*; die Simultaneität von Sichtbarem und Sagbarem erzeugt/animiert das Denken von *Raumstadt*. (eine Strategie, die von Mallarmé vorbereitet, und über Futurismus und russischen Konstruktivismus zu Beginn des 20. Jahrhunderts die ästhetische Aufteilung des Sinnlichen/Sensorischen zu verändern beginnt). Kieslers reale *Installation* ermöglicht den zusehenden Subjekten die Erfahrung der Innigkeit des Drinnen-Seins, ebenso wie das Teilnehmen als Akteure. Die, als Wort und Typografie im Flugblatt erscheinende *Stimme* erinnert ans Theater, an die Bühne. Kiesler etabliert eine Dialektik des *Hier* (Ausstellung) und *Da* (Raumstadt) basierend auf der Begegnung (Subjekte) in cross- und multimodaler Erfahrung, während das Hier und Da bei der Lesart als Kontraktionsmodell in der Sphäre der sensorischen Verwebung von Darstellung und Vorstellung verbleibt, auf Grundlage einer als extern zu bezeichnenden Blicknahme.

*

[21]ebd., Buch V, Kap. 2, S. 223-224

[22]vgl. Vana, Gerhard ([1994]2001): *Metropolis: Modell und Mimesis* (Berlin: Mann), S. 86

[23]Lésak, Barbara (1988): *Die Kulisse explodiert. Friedrich Kieslers Theaterexperimente und Architekturprojekte 1923-1925* (Wien: Löcker), S. 31

gr. *kosmos*: I) a)Ordnung; Anordnung; Ausstattung; Einrichtung; b) Schmuck; Verzierung; dann II) Welt, Weltall, Weltordung

das Zeitwort *kosmeon*: I) ordnen, anordnen, ordentlich einrichten, herstellen, zurechtmachen; auch aufstellen, in Reih und Glied stellen; und in der zweiten Bedeutung II) schmücken, ausschmücken, zieren, ausstatten, versehen; auch rühmen, preisen, ehren; gr. *kosmos* ist frühe etymologische Wurzel für Ornament; die Übertragung ins Lateinische zeigt das Wort

lat. *mundus*: I) Toilettengerät, Ausstattung für Körperpflege; überhaupt im Sinne der Reinlichkeit, Sauberkeit: z.B. herausgeputzt; nicht unbedingt in der Bedeutung von ornatus = geschmückt; das Eigenschaftswort *mundus* bedeutet sauber, schmuck, reinlich; erst in einer zweiten Bedeutung dann a) Himmelskörper/Himmel und b) Erdball, Erdkreis, Erde
ornatus mundi = die herausgeputzte Welt, schön in ihrer reinen Ordnung, kosmos; mundus selbst ist ein Pflegeverhältnis, das den sauberen Umgang mit dem Körper regiert

Ornament aus lat. *ornamentum*: Zurüstung, Ausrüstung, Rüstung; Zierde, Schmuck; vom Zeitwort *ornare* kommend: ordnen, ausstatten, schmücken; das wiederum geht zurück auf lat. *ordinare*: ordnen, in Reihen aufstellen; (z.B. in der Landwirtschaft in Reihen anbauen); *ornate* (Adv.) hat bereits mit Geschmack zu tun; *ornatus* = auch Orden; militärische Ehren; im Mittelalter: ornatus mundi = Schönheit/Harmonie des geschaffenen Seins als Welt; bei Vitruv gehört *ornamentum* zur *venustas* (= schönheit/anmut) eines Gebäudes (vgl. seine Dreiteilung der Prinzipien jeglicher Architektur: *firmitas, utilitas, venustas*)

Leon Battista Alberti sagt in seiner bekannten Definition von Schönheit, „daß die Schönheit eine bestimmte gesetzmäßige Übereinstimmung aller Teile, was immer für einer Sache, sei, die darin besteht, daß man weder etwas hinzufügen noch hinwegnehmen oder verändern könnte, ohne sie weniger gefällig zu machen." Genaugenommen eine strenge, in der Natur selten vorkommende Forderung. So werden die wenigsten Athener schöne Jünglinge, den meisten fehle etwas, oder sie haben zuviel von etwas. Albertis Vorschlag ist, durch Schmuck (ornamentum) etwas an diesen Mängeln auszugleichen, z.B. indem man Unförmigkeiten verdeckt oder färbt. Denn, meint Alberti, „so wird der S c h m u c k g l e i c h s a m e i n d i e S c h ö n h e i t u n t e r s t ü t z e n d e r S c h i m m e r u n d e t w a d e r e n E r-g ä n z u n g s e i n . Daraus erhellt, meine ich, dass die Schönheit gleichsam dem schönen Körper eingeboren ist und ihn ganz durchdringt, der Schmuck aber mehr die Natur erdichteten Scheines und äußerer Zutat habe, als innerlicher Art sei."[24] Die sich bis heute haltende pejorative, von Platon initiierte Einschätzung des Ornaments zeigt sich. Wenn seine Definition von Schönheit stimmt, dann könnte es, wenn überhaupt, nur *ein einziges* absolutes Werk geben, denn jedes weitere hätte zu diesem Einen bereits einen Unterschied, und Unterschiede sind ja ausgeschlossen. Das ist aber wenig plausibel, daher kann man schließen, daß letztendlich das Ornament konstitutiv für die (architektonische) Schönheit ist, da es von Alberti als das Regulativ schlechthin angesetzt wird.
Hans-Georg Gadamer sieht in der Architektur eine Kunst, die als raumbildende und raumfreilassende (bei Heidegger ist Raum das Offene) ein besonderes Ein- und Verteilungsregime exerziert. In ihrem Organisieren von Teilhaben/Nichtteilhaben, Ein- und Ausschluss, Innen/Außen etc. ist sie, Ornamente verwendend „selbst ihrem Wesen nach dekorativ." Womit begründet er diese Sicht. „Das Wesen der

[24][Alberti, Leon Battista, ca. 1452] Theuer, Max ([1912] 1991): Zehn Bücher über die Baukunst (Darmstadt: Wiss Buchges.), Buch 6, 2

Dekoration besteht eben darin, daß sie jene zweiseitige Vermittlung leistet, die Aufmerksamkeit des Betrachters auf sich zu ziehen, seinen Geschmack zu befriedigen, und doch auch wieder ihn von sich wegzuweisen in das größere Ganze des Lebenszusammenhanges, den sie begleitet."[25] Schon früher bemerkt Gombrich in seinem Ornamentbuch, das er eigentlich *Die unangesehene Kunst* nennen wollte, in Ansehung von Tapeten, Muster, bzw. Schnörkel eines Bilderrahmens: Sie „haben keinen Mitteilungswert und sind deshalb selten ein Gegenstand bewußter Betrachtung. […] Malerei erwartet, wie Sprechen, von Natur aus Beachtung, ob sie ihr nun gewidmet wird oder nicht. Dekoration kann das nicht verlangen. Ihr Effekt hängt von der flüchtigen Betrachtung ab".[26] Jedes Bauen (auch Architektur) ist daher, wenn man Gadamer recht gibt, ornamental. Das Ornamentale zeigt sein Wesen im Umstand, daß es oszilliert zwischen Beachtung und Nichtbeachtung, zwischen *ergon* und *parergon*. In der Architektur wird dieses Hin-und-Her besonders deutlich, weil sie *an sich* die Besonderung im Rahmen des Gewöhnlichen darstellt, und dennoch gleichzeitig als allgemein ausstattendes Agens, den Hintergrund für das Leben bilden muß, in dem die Besonderung abgeschattet ist, jedenfalls immer wieder aus der Aufmerksamkeit fällt. Architektur ist also Einrichtung, Ausstattung der (Lebens-)Welt. Sie zeigt die Gleichzeitigkeit von Aufmerksamkeit und Interesselosigkeit. Im Sinne der Aufmerksamkeit ist Architektur ein theatrales Regime, das Subjekte zu freiwilligen/unfreiwilligen Akteuren macht. Im Sinne der Unaufmerksamkeit ist sie der alltägliche, unauffällige Hintergrund des In-der-Welt-Seins als Wohnen.

*

Eine prägnante Geste, die die Präsentation von Architektur in der Logik der Erscheinung[27] *re*präsentieren kann, ist das Ziehen einer Kreisbewegung. George Spencer-Brown meint, dass das Abtrennen eines Raums ein ganzes Universum zum Erscheinen bringen kann, wie etwa das Ziehen eines Kreises in der Ebene eine „perfekte Unterscheidung" trifft. Die erste Definition seines Formenkalküls lautet: „Distinction is perfect continence."[28] Setze eine Unterscheidung: Jede Einrichtung einer Stätte (ob vernakulär oder architektonisch) kann so als das Setzen einer Unterscheidung gesehen werden. Hier ein explizierendes architektonisches Beispiel, der griechische Tempel: Heidegger sagt, „Ein Bauwerk, ein griechischer Tempel, bildet nichts ab. Er steht einfach da inmitten des zerklüfteten Felsentales."[29] Der griechische Tempel bildet vielleicht nichts ab, jedoch die Logik seiner Erscheinung kann etymologisch nachvollzogen werden: Tempel, gr. *témenos* ist ein Abschnitt im Sinne eines abgeschnittenen oder abgesonderten Stücks Land; mitbedeutend wären noch: a) Krongut, Domäne eines Fürsten; b) geweihter oder heiliger Bezirk, Tempelbezirk, heiliger Hain oder Festbezirk; c) geweihte Stätte, heiliger Bau, Halle; das dahinter waltende Zeitwort ist gr. *témno* und heisst schneiden, auch schlachtendes Zerschneiden des Opfertieres. *templum* ist die Übersetzung von *témenos* in die lateinische Sprache; hier der interessante Verweis bei Georges auf die auguralen Aktivitäten römischer Stadtgründungen (als Unterstützung der unterscheidenden Kreisfigur): I) eigentlich der Raum am Himmel sowohl wie auf der Erde, den sich der Augur mit seinem Stabe (lituus) beschrieb, um darin die Beobachtungen des Vogelfluges anzustellen, der Beobachtungskreis; II) übertragen: A) jeder Ort, den

[25]Gadamer Hans-Georg (1960): *Wahrheit und Methode* (Tübingen: Mohr), S. 150

[26]Gombrich, Ernst H. ([1979]1982): *Ornament und Kunst* (Stuttgart: Klett), S. 128

[27]vgl. Alain Badiou (2006): *Logiques des mondes* (Paris: Seuil), passim. *Logiques des mondes* handelt von der Logik der Erscheinung, und kann als Phänomenologie bezeichnet werden. Während er in *L'être et l'événement* die Ontologie des Seins-*qua*-Sein als *reine Vielheit* und damit ihre notwendige Inkonsistenz entwickelt, handelt *Logiques des mondes* von der Konsistenz des Erscheinens bzw. des In-einer-Welt-Seins. Er spricht von der Differenz zwischen Onto-logie und Onto-logie.

[28]Spencer-Brown, George (1969): *Laws of Form* (London: George Allen and Unwin Ltd.), S. 1

[29]Heidegger, Martin ([1936]1988): *Der Ursprung des Kunstwerks* (Stuttgart: Reclam), S. 37

man auf einmal überschauen und von dem man etw. überschauen kann: a) jeder Ausblick, den man auf einmal vor Augen hat, das Schaugebiet, der Bezirk; b) die Höhe, Anhöhe; B) ein abgemessenes Stück Land, das man einem Gotte weihte, oder ein heiliger Tempelbezirk; a) Kapelle, Grabmal, Gruft, aber auch die Kurie (vom Augur eingeweiht, d.h. auch das öffentliche Reden wird eingeweiht), Rednerbühne; übtr.: jeder freie, weite Raum, mit dem Nebenbegriff der Erhabenheit und Heiligkeit, z.B. die Räume des Himmels, oder heilige Räume, Gegenden; der Tempel als heiliger Bezirk.[30] Wohnen wollen auch die Götter, daher ist der griechische Tempel auch ein Wohnhaus, aber auch ein Ding: Ding geht zurück auf die indoeuropäische Wurzel *ten-*, „dehnen, ziehen, spannen" und deren guttural-Erweiterung *tenk-*: „ziehen, dehnen, spannen, Zeitspanne"; zur selben Wurzel gehört lat. *tempus*: „Zeitabschnitt, Zeit" und altiranisch *tan*: „Zeit". lat. *tempus* „Zeitteil, Zeitabschnitt, Zeit" geht zurück auf griechisch *témno*, das schon oben erklärt wurde. Im althochdeutschen Wort *thing* schwingt die Bedeutung einer Rechtssache mit; es bezeichnet eine Versammlung, um einen zur Verhandlung anstehenden Streitfall zu besprechen: die *res publica* ist eine Sache, die jeden im Volk was angeht und daher öffentlich verhandelt wird.[31] *res* und *causa* wurden von den Römern synonym gebraucht, diese Bedeutung von *causa* schwingt mit in Wittgensteins „Die Welt ist alles, was der Fall ist."[32]

*

Politik der Architektur? Im griechischen *arché* ist der Anfang, der Beginn, der Ursprung auch im Sinne einer Erstheit eines Grundes. So gesehen kann der *architektos* als der Erste die Beherrschung/Herrschaft seiner *techné* ausüben. In seinem Reich ist das rechte Wissen um das Herstellen von Gebäuden zuhause. Als Statthalter (*archontos*) der hergestellten Stätten, *oikos*, oder *polis* ist sein Gewerbe und Können *archaios*, uranfänglich, ursprünglich uralt und – mächtig. Damit Architektur als kollektives Unternehmen diesen pathetischen Anspruch einlösen kann, ist sie unvermeidlicherweise mit der jeweiligen Macht (des Staates, des Geldes, der Herrschaft über Sklaven etc.) zutiefst verbunden. Ohne Macht, d.h. ohne Anteil an den Ausgaben der *oikonomia* kann sie ihr Werk nicht setzen und hervorbringen. Jacques Rancière stellt fest, dass zu Beginn des 19. Jahrhunderts, im Zuge des klassizistischen Rückblicks, einerseits die Kunstwerke zwar einen besonderen Stellenwert bekommen, sie aber andererseits gleichzeitig innerhalb merkantiler Mechanismen zu banalen Gegenständen der kommerziellen Mehrwertbildung degradiert werden: Kunst und alltägliches Leben mischen sich. Ein Kunstwerk, das sich im Raum des Museums und im Regime der Ästhetik darbietet „ist gleichermaßen Kunst und Nicht-Kunst: eine vom Leben nicht zu unterscheidende Manifestation. […] und es ist auch der Moment, ab dem die gewöhnlichen Gegenstände die Grenze in die entgegengesetzte Richtung überschreiten, um neue Möglichkeiten für eine künstlerische Distanznahme zu schaffen, die genau von dieser Nähe und der Vermischung der Dinge der Kunst und der Dinge der Welt ausgehen."[33] Gegenwärtig scheint es auch in der Architektur ähnliche Tendenzen zu geben: je mehr Architektur gebaut wird, d.h. je mehr die merkantile Macht sich Architektur als umwegrentablen Schmuck anlegt, desto mehr entbirgt sich einerseits die Ornamenthaftigkeit des ar-

[30]vgl. Georges, Karl Ernst ([81913]1998): *Ausführliches Lateinisch-Deutsches Handwörterbuch* (Hannover: Hahnsche Buchhandlung)

[31]vgl. Heidegger, Martin [1949]: „Das Ding", in: Jaeger, Petra [Hg.] (_2005): Martin Heidegger Gesamtausgabe, Bd. 79 (Frankfurt a. Main: Klostermann), S. 13 ff.

[32]Wittgenstein, Ludwig ([1918]1984): *Tractatus logico-philosophicus*. Werkausgabe Bd. 1 (Frankfurt a. Main: Suhrkamp), S. 11

[33]Rancière, Jacques ([2000]2006): „Die Politik der Kunst und ihre Paradoxien", in: Ders. (2006): *Die Aufteilung des Sinnlichen* (Berlin: b_books), S. 90

chitektonische Gegenstands, andererseits ihre Gewöhnlichkeit als kommerzielles Produkt. So gesehen wird sie gleich-*gültig* gegenüber den Musterhäuser der „Blauen Lagune". Die Erstheit von *arché* ist je schon unterwandert durch die Tatsache, dass jedes Gebäude am Ausstatten des „Hauses des Seins" teilnimmt, auf jeweils ihre Weise. Die Erstheit von *arché* ist also immer schon im Streit mit dem Anderen, dem bloßen, gewöhnlichen Bauen. Dessen Welt ist nicht die Welt des planenden Ingenieurs, der seine *techné* auf Schulen weitergibt und weiterbildet (und zu einer bloßen Technik verkürzt). Es ist die Welt der Bastlerinnen und Bastler, der Heimwerkerinnen und Heimwerker, das Phänomen des Häuselbauens. *einwänden* ist, wie oben gesagt, hineingezimmert, eine *bricolage*. Ausdrücke wie zusammenzimmern, zusammenschustern enthüllen die heutige pejorative Einschätzung bestimmter Handwerke, somit auch bestimmter Formen von Arbeit (wie lange hatte die Bildhauerei als schmutzige Kunst gegolten).

*

Architektur hat Teil an der Aufteilung der Welt in zweifacher Hinsicht: als konkrete territoriale Grenzziehung und als ästhetisch-sensorisches Regime. Beiden Weisen gemeinsam sind Lokalisierungen und Materialisierung von Grenzen. Insofern ist Architektur je schon politisch. Die ontologische Bedeutung liegt im Präsentieren des Aufteilens als Gestell, als eingeräumte Stätte. Dieses Statthaben ist, sobald es sich Präsentiert, in einer Welt, daher immer schon ein In-Sein. *Öffentlich* oder *privat* sind graduelle Intensitäten dieses In-Seins. Als Ausstattung ist sie ornamental und zeigt ein gespaltenes Verhältnis zum Gewöhnlichen: sie ist einerseits Besonderung als Abhebung vom Gewöhnlichen (= das Gewohnte des Wohnens, des Da-seins in einer Welt), gleichzeitig, für das gewöhnliche Leben in ihr, auch immer schon Hintergrund, den man nicht beachtet – Affekt und Langeweile in einem. Zu ihrer Politik gehört daher, um diese Besonderung zu gewährleisten, die Sorge um ihren Hintergrund, den das Gewöhnliche jeglichen Bauens (Wohnens) darstellt. Diese Sorge ist ein Pflegen, das heisst eine Kultur (von lat. *colere*: das Pflegen, Bestellen des Ackers, aber auch das Bewohnen eines Orts, hausend und bleibend sich aufhaltend). Sogar Architektur die sich gewöhnlich (banal) gibt ist in Sorge um ihre Besonderung.[34] *Alles* ist Architektur? Eben nicht! Das zeigt auch ihre große Klage im Verteilungskampf gegen Baumeister und Häuslbauer. Sobald sie sich Architektur nennt und sich dazuzählt, gilt sie in ihrem eigenen Pathosregime als *Alphatier*: *arché* + *tektos* = primus inter pares, ist der Erste in Bezug aufs Bauen unter allen Bauenden, legitimiert durch seine genuinen ästhetischen Regime. Die Folge ist ein grundlegender Dissens: das gewöhnliche, alltägliche (Häusel)Bauen, also das gewöhnliche In-der-Welt-Sein als Wohnen (Leben) und das besondere Wohnen als Architektur. Aus diesem Dissens nährt sich erst eine Politik von Architektur, eine Politik, die laut Rancière[35], den Gedanken der Gleichheit nicht als Ziel, sondern als Axiom zugrunde liegen hat, und die durch die Einforderung der Anteile/Teilhabe am *Gemeinsamen des Sinnlichen* jenen, die anteillos sind, erwacht.

Glaub mir, glücklich war die Zeit vor den Architekten …[36]

[34]vgl. Bauer, Klaus-Jürgen (1997): *Minima Aesthetica. Banalität als subversive Strategie der Architektur* (Weimar: Bauhaus Univ. Verlag)

[35]vgl. Rancière, Jacques ([2000]2006): *Die Aufteilung des Sinnlichen* (Berlin: b_books) und: Ders. ([1995]2002): *Das Unvernehmen* (Frankfurt a. Main: Suhrkamp)

[36]Seneca, L. Aenneus: Epistulae morales 90, cit. in Sloterdijk, Peter (1999): *Sphären II. Globen* (Frankfurt a. Main: Suhrkamp), S. 197

This book is dedicated to our parents without whom it would not have been possible.

We would also like to thank Alan, Alfred, Andrej, Anri, Antonio, Bruce, Cedric, David, Ernst, Erwin, Franz Michael, Friedrich, Gordon, Gustav, Hannah, Hans, Heinz, Helmut, Jan, Kurt, Louise, Marcel, Maria, Michael, Michel, Mike, Oswald, Peter, Rosemarie, Sigmund, Thomas, Tony, William,...

...who lead us through the dark wood, so that the great ways are not lost.

Wie machen wir unser Buch?

Einfach, zurückhaltend.

Knallen soll´s schon, irgendwie.

Aber nicht zu poppig.

Vor allem nicht aufdringlich.

Und bloß nicht modisch.

?

How to make our book?

Simple, contained.

Should be stunning, somehow.

Not too fruity though.

Above all not pushy.

And not merely trendy.

?

Das vorliegende Buch ist der Versuch tat ort mit folgenden
Eigenschaften in Verbindung zu bringen:
intelligent, aufrichtig, gewitzt, vielschichtig, flexibel, sachlich.

Wir bitten dies bei der Lektüre zu berücksichtigen.

*The book at hand is the attempt to link tat ort with the following
qualities: intelligent, sincere, shrewd, complex, flexible, sober.*

We kindly ask you to consider this when reading.

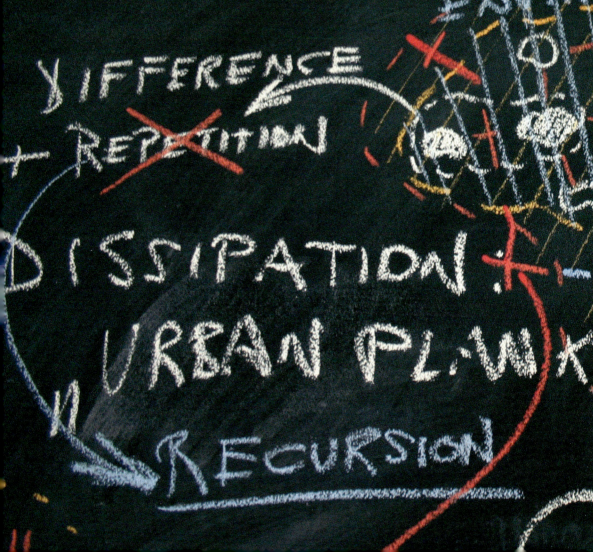

MICROPOLICY

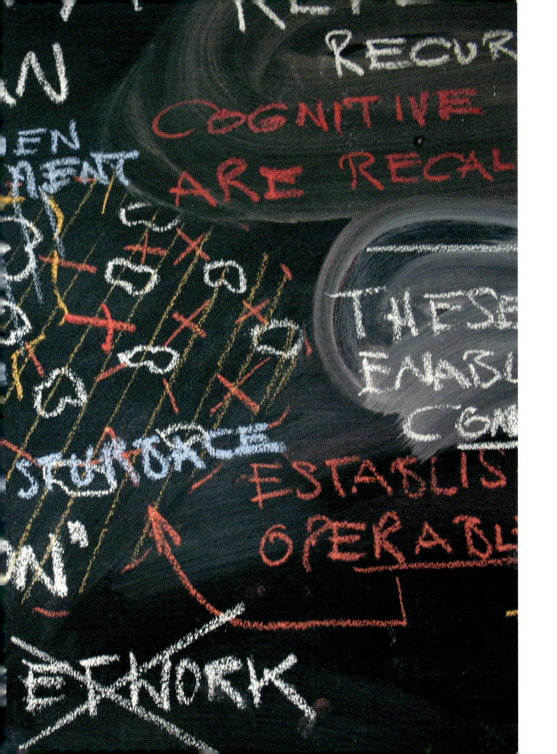

17

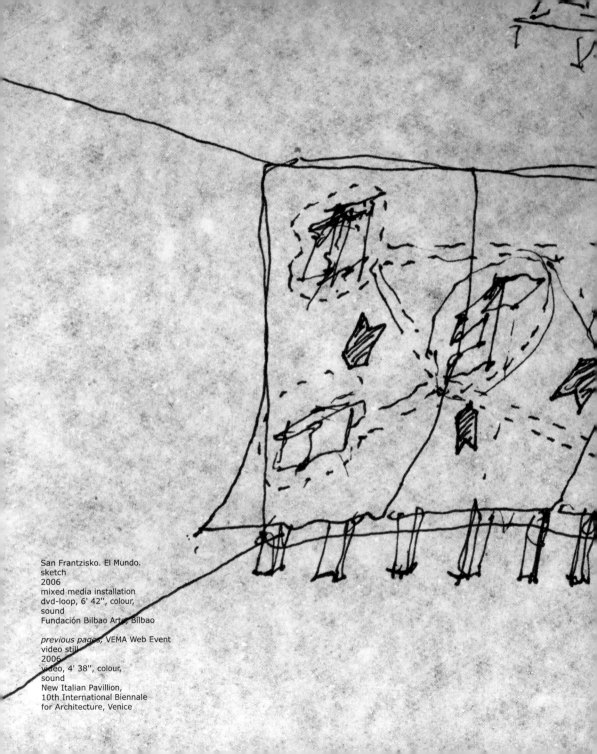

San Frantzisko. El Mundo.
sketch
2006
mixed media installation
dvd-loop, 6' 42", colour,
sound
Fundación Bilbao Arte, Bilbao

previous pages, VEMA Web Event
video still
2006
Video, 4' 38", colour,
sound
New Italian Pavillion,
10th International Biennale
for Architecture, Venice

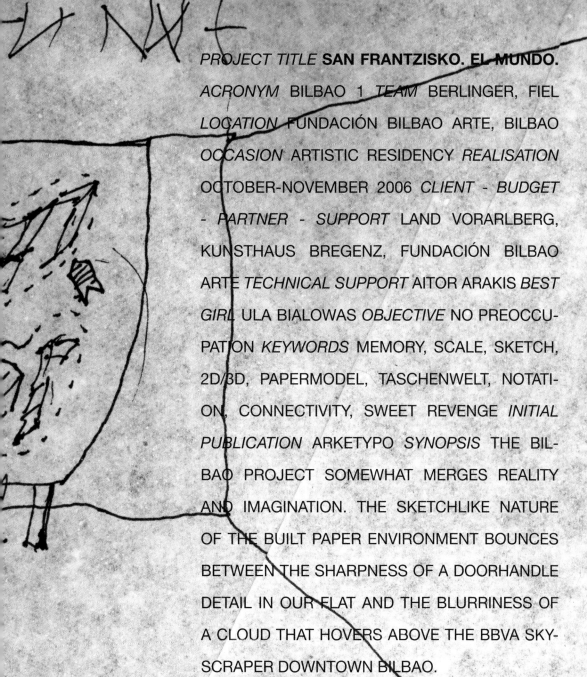

PROJECT TITLE **SAN FRANTZISKO. EL MUNDO.**
ACRONYM BILBAO 1 *TEAM* BERLINGER, FIEL
LOCATION FUNDACIÓN BILBAO ARTE, BILBAO
OCCASION ARTISTIC RESIDENCY *REALISATION*
OCTOBER-NOVEMBER 2006 *CLIENT* - *BUDGET*
- *PARTNER* - *SUPPORT* LAND VORARLBERG,
KUNSTHAUS BREGENZ, FUNDACIÓN BILBAO
ARTE *TECHNICAL SUPPORT* AITOR ARAKIS *BEST
GIRL* ULA BIALOWAS *OBJECTIVE* NO PREOCCU-
PATION *KEYWORDS* MEMORY, SCALE, SKETCH,
2D/3D, PAPERMODEL, TASCHENWELT, NOTATI-
ON, CONNECTIVITY, SWEET REVENGE *INITIAL
PUBLICATION* ARKETYPO *SYNOPSIS* THE BIL-
BAO PROJECT SOMEWHAT MERGES REALITY
AND IMAGINATION. THE SKETCHLIKE NATURE
OF THE BUILT PAPER ENVIRONMENT BOUNCES
BETWEEN THE SHARPNESS OF A DOORHANDLE
DETAIL IN OUR FLAT AND THE BLURRINESS OF
A CLOUD THAT HOVERS ABOVE THE BBVA SKY-
SCRAPER DOWNTOWN BILBAO.

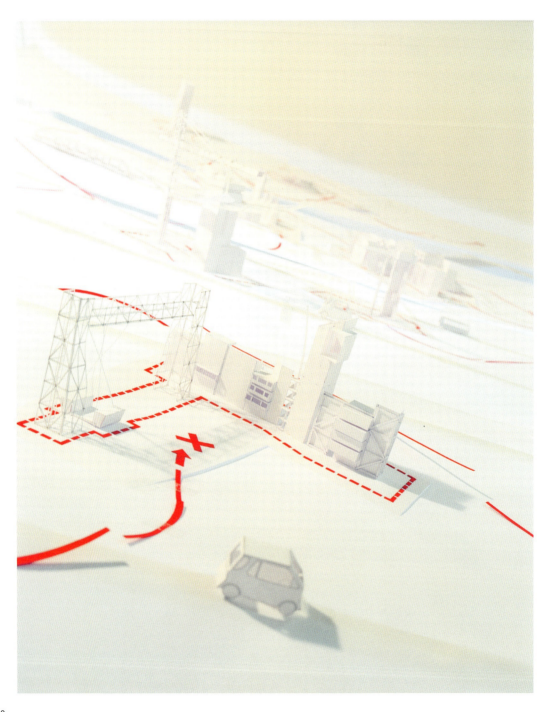

San Frantzisko. El Mundo.

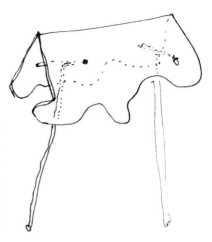

This work is about the dealing with conflict, the overcoming of conflict avoidance through an artistic translation in the form of alternative realities, in which emotions such as powerlessness, oppression or revenge are expressed in a playful manner. Accordingly "modeluniverses" are offering room for simulation, sketchlike and with an indicated degree of "reality". Affliction and the enforcement to act are put into new perspective by a change in scale: All of a sudden this overview, but still in the midst of life.

The choice to work with paper exclusively, did allow us to produce consistent and straightforward, physical but yet potentially transformable into alternative realities. With the first series of paper models we were looking into specific domestic details such as the buildings main stairhall, the bedroom adjacent to the main street with its big window opening and the door to a balcony or the view from this balcony to the opposite building corner, that appears to be one of the main meeting points for black market deals and the homeless community.

Soon the scope was extended by neighbouring housing blocks, prominent building compounds, architectural landmarks or infrastructural facilities such as bridges, food markets or public transportation. Eventually our stock of paper models included the most important places of our weekend trips through Euskadi. In accordance to their visual presence and emotional impact, these models relate to a specific scale of representation. Since we didn´t use any blueprints, measurements or even photographs the models are sketch-like fragments, solely dependent on the memory imprint left with the observer.

For the studio installation the smaller models have been arranged on a plain white surface, that comes off the studio walls in wide strips of paper. This arrangement is conceived as diagrammatic composition of spatial relations and mental linkages between smaller groups of single objects, visualised through schematic moving patterns and an underlying narrative, that has been our personal diary during the weeks of production. The wide paper strips refer back to the "grain" of domestic housing with its distinct display of personal taste.

right, San Frantzisko. El Mundo.
video stills
2006
mixed media installation
dvd-loop, 6' 42'', colour,
sound
Fundación Bilbao Arte, Bilbao

opposite, San Frantzisko. El Mundo.
cloudsketch

pp. 20-21, San Frantzisko. El Mundo.
photographs, 50x60cm

following pages, San Frantzisko.
El Mundo.
installation view

We decided to utilize the big models as a stage-like frame to produce a looped video sequence. It deals ironicly with prevailing issues of every-day life in- and around our flat. As integral part of the installation set-up, this video sequence was projected on a seemingly gigantic outdoor screen, relating to memories of images of open air car movie venues.

TINKY

above, Urban Adventures EAST #1,
CAMP F.M.F.
video stills
2005
public building + reading performance
video, 6' 59'', colour,
sound
Karl Tizian Platz, Bregenz

opposite, TINKY
photograph
2007
`Es geht um Licht, eh klar.´

left top, Die Wiege der Demokratie
Teil 1
video still
2006
mixed media installation,
sound
Bahnhofstraße 53, Bregenz

right, INWÄNDIG
key inspiration
2006
mixed media installation,
sound
iCP, Institute for Cultural Policy, Hamburg

PROJECT TITLE **INWÄNDIG** *ACRONYM - TEAM* BELRINGER, BER-LINGER, FIEL *LOCATION* ICP, INSTITUTE FOR CULTURAL POLICY, HAMBURG *OCCASION* SINGLE EXHIBITION *REALISATION* AUGUST - SEPTEMBER 2006 *CLIENT - BUDGET - PARTNER* PATRICK EHRHARDT, ICP *SUPPORT* FEDERAL CHANCELLERY AUSTRIA, LAND VORARL-BERG *TECHNICAL SUPPORT* MARTIN MOSER *BEST BOY* MARTIN WAGNER *OBJECTIVE* SEDUCTION *KEYWORDS* INTERSTITIAL SPACE, SIMULTANEITY, CONDENSATION, ORIENTATION, INSIDEOUT, DOMES-TICITY *INITIAL PUBLICATION* PRINZ EISENBETON *SYNOPSIS* WITHIN THE FRAMEWORK OF THE CONSEQUENCE EXHIBITION SERIES AT THE ICP, WE SET UP AN INSTALLATION SPECIFICALLY DEVELOPED FOR THE GIVEN SPATIAL CHARACTERISTICS. THE OBJECT SPANS OVER THE THREE MAIN FLOORS OF THE GALLERY AND CAN BE SEEN AS US-ABLE/INHABITABLE/CHANGEABLE WALL/ FAÇADE. THROUGH THIS IN-TERVENTION THE EXISTING SPACE TAKES ON A COMPLEX MULTI-LAY-ERED STRUCTURE, THAT CAN BE EXPERIENCED VERTICALLY IN THE GALLERIES CENTRAL ATRIUM OVER THE FULL BUILDING HIGHT AND TRANSVERSAL ON EACH EXHIBITION LEVEL AS ONE WALKES ALONG, IN OR THROUGH THE CONSTRUCTION: INNEN (CIRCULATION) INWÄN-DIG (INSIDE THE WALL) OUTSIDE (FAÇADE).

left top, Die Wiege der Demokratie Teil 1
video still
2006
mixed media installation,
sound
Bahnhofstraße 53, Bregenz

right, INWÄNDIG
initial study model
2006
mixed media installation,
sound
iCP, Institute for Cultural Policy, Hamburg

INWÄNDIG:

THE FURNISHED FAÇADE

BUILDING A STUDY MODEL HELPED US TO REALISE THAT WE NEED TO REDUCE THE NUMBER OF WALLELEMENTS IN ORDER TO SHARPEN THE INITIAL CONCEPTUAL OUTLINE.

left top, Die Wiege der Demokratie
Teil 1
video still
2006
mixed media installation,
sound
Bahnhofstraße 53, Bregenz

right, INWÄNDIG
inistial study model
2006
mixed media installation,
sound
iCP, Institute for Cultural Policy,
Hamburg

opposite, INWÄNDIG
inistial study model

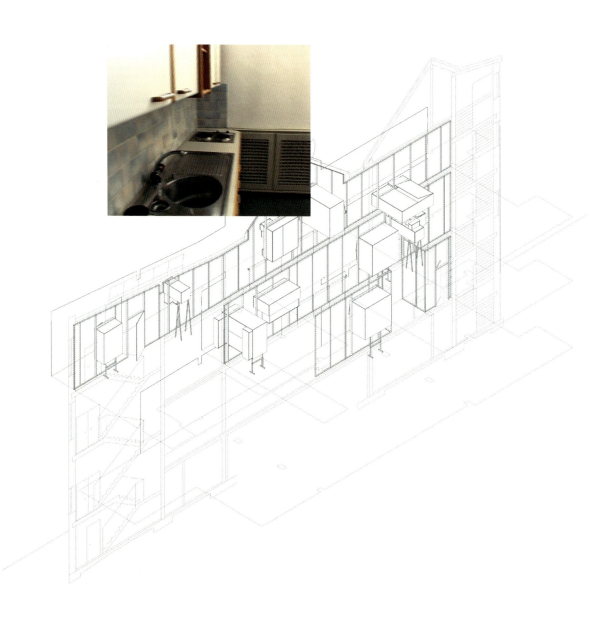

INWÄNDIG
Edifice for collective memory

On the occasion of our contribution to the iCP CONSEQUENCE exhibition series, we decided to deal with the peculiar spatial characteristics of the given space. The basic idea was, to split the buildings interior space by inserting a wall, that would create a number of different realities. We wanted this wall to look like a façade, that was either to be experienced at a standstill in the galleries central atrium over the full building hight or steadily as one walks along any of the exhibition floors `in front´ of the construction. The impression of being either inside or outside of a supposed building was emphasised by having a smooth wall finish on one and its construction exposed on the other side.

The façade was not only intended to provide a spatial boundary between an inside and an outside perspective of the same story but moreover to insert a narrative thread that would allow to focus on sensual qualities other than material properties or spatial features. `Wallspace´ was introduced by various pieces of second-hand furniture, stuffed into the window openings of the façade. Having looked for means to link the visual aspects of the work with a subliminal narrative, the furniture offered the possibility to circumscribe their immediate properties with the sensual qualities of sound. The sound was based on recordings of domestic scenes and emitted from the inside space of the furniture only. Together with a light source for each of these spaces, their overall interplay was choreographed in accordance to incoming signals from the door detector and was modulated accordingly.

The furniture served as a container for the arcane, an inside out of domestic vulgarity and as showcase for the inevitable recurrence and banality of daily rituals.

opposite, INWÄNDIG
drawing, section and façade
construction
2006
mixed media installation,
sound
iCP, Institute for Cultural Policy,
Hamburg

opposite top, Die Wiege der
Demokratie Teil 1
video still
2006
mixed media installation,
sound
Bahnhofstraße 53, Bregenz

STREET LEVEL

left, Die Wiege der Demokratie
Teil 1
video still
2006
mixed media installation,
sound
Bahnhofstraße 53, Bregenz

opposite, INWÄNDIG
diagram, choreography of events
2006
mixed media installation,
sound
iCP, Institute for Cultural Policy,
Hamburg

opposite top, INWÄNDIG
drawing, façade elevation

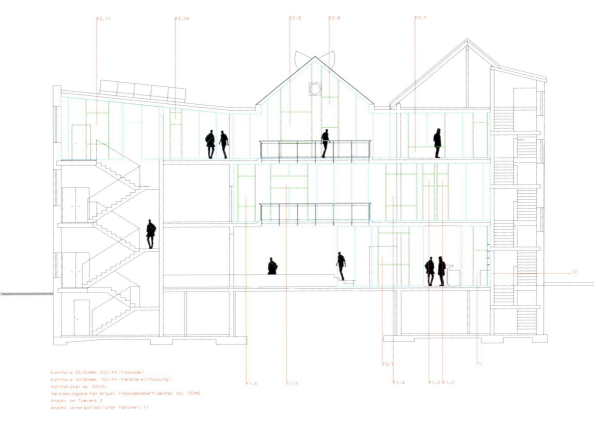

Kantholz 25/50mm: 250lfm (Fassade)
Kantholz 40/60mm: 150lfm (Fenstereinfassung)
Hartholzkeile: 50Stk.
Verpackungskarton braun, Fassadenoberflaeche: ca. 150m2
Anzahl an Tueren: 2
Anzahl unterschiedlicher Fenster: 11

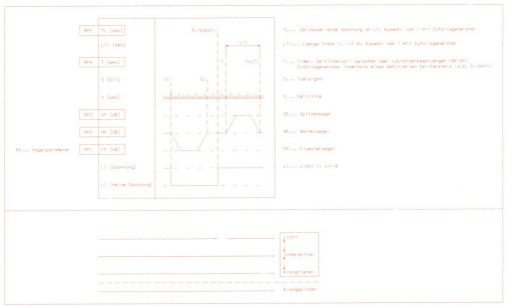

TL... Zeitdauer ohne Spannung an Li, Auswahl von i mit Zufallsgenerator

LTi... Laenge Track i, i=1-8, Auswahl von i mit Zufallsgenerator

T... Timer, Zeitintervall zwischen zwei Lautstaerkespruengen (NP-SP)
Zufallsgenerator innerhalb eines definierten Zeitfensters (z.B. 5-10min)

S... Tuersignal

t... Zeitlinie

SP... Spitzenpegel

NP... Normalpegel

FP... Fluesterpegel

Li... Licht i, i=1-8

STARTING A REVOLUTION AIN'T EASY ;-)

above, INWÄNDIG
construction process
2006
mixed media installation,
sound
iCP, Institute for Cultural Policy,
Hamburg

opposite, INWÄNDIG
construction process

opposite top, Die Wiege der
Demokratie Teil 1
video still
2006
mixed media installation,
sound
Bahnhofstraße 53, Bregenz

right, INWÄNDIG
installation views
2006
mixed media installation,
sound
iCP, Institute for Cultural Policy,
Hamburg

opposite, INWÄNDIG
installation views

opposite top, Die Wiege der
Demokratie Teil 1
video still
2006
mixed media installation,
sound
Bahnhofstraße 53, Bregenz

pp. 40-41, INWÄNDIG
installation view

page 40 top, Die Wiege der
Demokratie Teil 1
video still

following pages, INWÄNDIG
installation view

next page top, Die Wiege der
Demokratie Teil 1
video still

next page below, INWÄNDIG
installation view

PROJECT TITLE **DIE WIEGE DER DEMOKRATIE TEIL 1** (THE ORIGINS OF DEMOCRACY PART ONE) *ACRONYM* WDDT1 *TEAM* BERLINGER, FIEL *LOCATION* BAHNHOFSTRASSE 53, BREGENZ *OCCASION* SINGLE EXHIBITION *REALISATION* JULY 2006 *CLIENT - BUDGET - PARTNER - SUPPORT* LAND VORARLBERG, RHOMBERG BAU, BERLINGER HOLZ-BAU *SPECIAL SUPPORT/PERFORMANCE* HTL DORNBIRN ABTEILUNG FÜR BEKLEIDUNGSTECHNIK *BEST BOY* KLAUS BERLINGER *OBJECTIVE* SURPRISE *KEYWORDS* EMPTYNESS, WALK, DECEPTION, EXCLUSIVENESS, CONTROL, PROCUCTION, COMPRESSION *INITIAL PUBLICATION* THIS VOLUME *SYNOPSIS* COMPLIMENTARY TO THE CONCEPT FOR INWÄNDIG THE SCHEME FOR `THE ORIGINS OF DEMOCRACY PART ONE´ IS TO INSTALL A WORKING ENVIRONMENT WITHIN THE GIVEN CONTEXT OF A DISUSED OFFICE SPACE IN THE CITY CENTER OF BREGENZ/AUSTRIA.

opposite, Die Wiege der Demokratic
Teil 1
video still
2006
mixed media installation,
sound
Bahnhofstraße 53, Bregenz

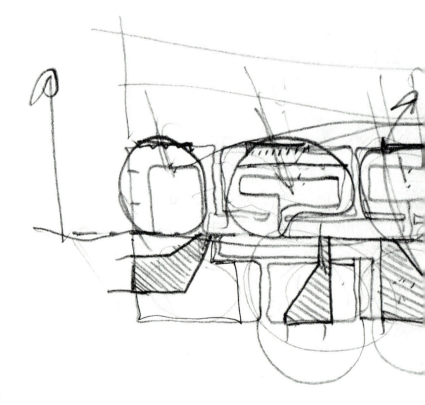

right, Die Wiege der Demokratie
Teil 1
initial sketch
2006
mixed media installation,
sound
Bahnhofstraße 53, Bregenz

above, Die Wiege der Demokratie
Teil 1
video still

Die Wiege der Demokratie Teil 1

General framework
The project was located in a vacant office building, previously used for corporate business in textile industries. Vorarlberg, a federal state of Austria traditionally used to be an international stronghold in the production, refinement and trading of embroidery. The ongoing decline of this industry since the mid-eighties left many people unemployed and caused an unprecedented social- and economical restructering processes in the region.

Conceptual outline
To address this specific local conditions and to reflect upon its manifold implications from a global perspective defined the starting point for our intervention.
The various rooms along the route through the building were left completely empty. Lacking any information about the content other than its title, visitors were left alone as only one person was allowed to enter the building at a time. Searching for components that could possibly be identified as part of the work, persistent buzzing of sewing machines was audible. In the back of the compound a single room was used for the actual intervention. In there an elevated platform concealed a small room with a ceiling height of 1.5 meter and around 10 square metre of floor space. This was the workspace for 9 seamstresses, accessible over a small staircase at the short end of the platform.

Caught in an intimate moment of sudden confrontation visitors have been gazing at the workers back as they were focussed on their work. The space was open to the public for the 3 hour duration of a workshift only.

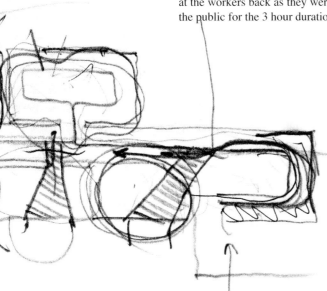

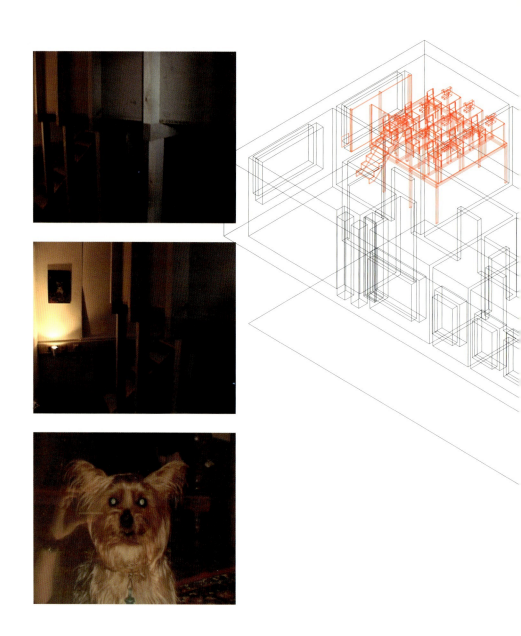

ROCKY

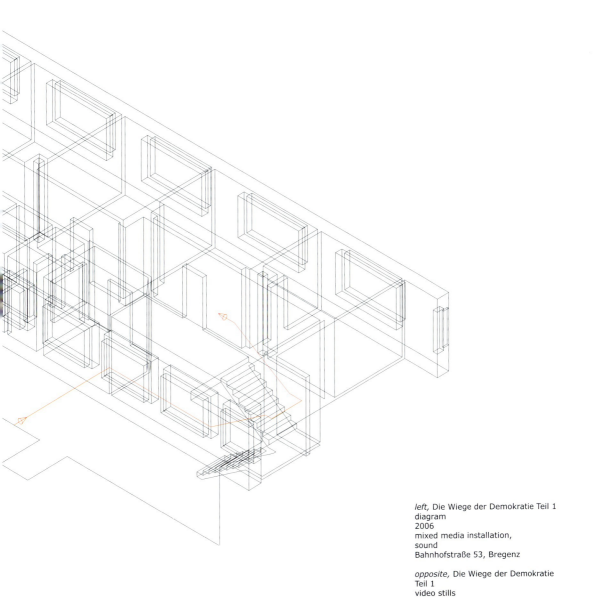

left, Die Wiege der Demokratie Teil 1
diagram
2006
mixed media installation,
sound
Bahnhofstraße 53, Bregenz

opposite, Die Wiege der Demokratie
Teil 1
video stills

51

right, Die Wiege der Demokratie
Teil 1
the brave workforce
2006
mixed media installation,
sound
Bahnhofstraße 53, Bregenz

above, Die Wiege der Demokratie
Teil 1
installation view

opposite, Die Wiege der Demokratie
Teil 1
video stills

A VISITOR IN OUR STUDIO

Untitled
video still
2006
Stuwerstraße 32, Vienna

Sarah Kolb
Living rooms

Ich wohne in der Geometrie,
während die Topologie mich heimsucht ...[1]

Ich schlafe noch. Ich bin ich an einem Ort jenseits des Raumes, in einer Zeit jenseits der Zeit. Mein Körper liegt versunken, hat nicht die leiseste Ahnung von seinen Dimensionen, seiner Ausdehnung, seiner Schwere. Seiner Beweglichkeit. Noch weniger, vom Gewicht der Welt. An diesem Ort, Hier ohne Jetzt, herrscht die stumme Diktatur meiner inneren Stimmen. Seltsame Attraktoren sind das, die da herrschen: seltsame Träume. Ich träume, nein, vielmehr träumt mir, von einem unheimlichen Wortgebilde, Wortmonster, Wort... – könnte ich nur sagen, was es ist. Ich finde kein Maß für diesen Raum, den es einnimmt, ohne mir auch nur den winzigsten Anhaltspunkt zur Verfügung zu lassen. Für diesen Rhythmus, den mir meine inneren Stimmen diktieren, ohne dass ich sie jemals hören könnte. Die Attraktoren reden in Rätseln, in Bildern. Mir fehlen die Worte für dieses Gebilde, das sich fortpflanzt in mir, und von dem ich nichts weiß, als dass es sich an Worten erbaut. Alles was ich weiß ist, es ist an mir, diese Worte zu finden. Eines. Nach dem andern. Es ist ein langwieriger Rhythmus, der mich fesselt, gefangen nimmt, hier, in den Weiten meiner Abwesenheit. Ein gedankenloser Gedanke. Da, endlich, wieder, eines: ... Werden. Es ist zur Stelle, es ist eindeutig, für einen Moment, und verschwindet, so unvermittelt, wie es aufgetaucht. Und wieder diese Leere, ein System übermächtiger Attraktoren, das darin wuchert. Die Dynamik meines traumwandlerischen Prozesses ist nicht aufzuhalten, und Zeitlupe wäre kein Ausdruck für die unermessliche Langsamkeit, in der er sich meines Schlafes bemächtigt. Ich bin mitten drin, in dieser seltsamen Topologie. Diese seltsame Topologie ist mitten in mir, und noch während ich erwache, bin ich an diesem Ort, außerhalb des Raumes, weil ich ihn nicht verorten kann. In dieser Zeit, die einfach nur dauert.

Ich schlafe noch, und schon klopft der Lärm des Tages an meine Lider. Der Tag, das ist die Welt da draußen. Das Licht schreit: „Wer die Emission des die Wände durchdringenden Lärms beherrscht, wird zum Herrn über den Raum."[2] Vielleicht ist es dieser erste Satz, den ich noch nicht bereit bin, zu denken. Mein Polster ist noch nicht zum geometrischen Körper erwacht. Er legt sich, unförmig, über meine Sinne, über meinen Sinn, wird zum Auswuchs, zur Prothese, zum Einzugsgebiet meiner seltsamen Attraktoren. Was von draußen zu mir dringt, ist ein spärliches Rinnsal in der Landschaft meiner Kissen: ein Luftstrom, der durch die Schleuse meiner Vermummung fließt, wirbelt. Und ein Hauch, Licht. – Die Worte sind hitzig. Es sind viele, auf einmal. Wie eine zweite Haut, wie eine Haut, überhaupt erst, legen sie sich über das Wort..., über das ..., was, wo ist es nur, in mir. Ein Heer von Parasiten, torpedieren sie die ungetrübte Schwere meiner Glieder, die zeitlose Gespanntheit, die mein Traumgebilde eben noch verbreitet. Sie sind unentwirrbar, doch um nichts in der Welt kann ich sie hindern, sich mir auseinander zu setzen. Mein Wort... explodiert zum Wortlärm. Der Satz, den mir das Licht entgegen schreit, seine gnadenlose Linearität, ufert aus, schwillt an zum Schwamm, der das zeitlose Tropfen meiner inneren Bilder verschluckt. Der Polster über meinem Kopf, der schon Kopf ist, bekommt schon Ecken, so hartnäckig ist dieser Wirbel, der mit der Unbeugsamkeit eines ungeduldigen Kindes an meinen Linien zerrt. „Der Herr des Lärms

[1] Michel Serres: Atlas, Berlin: Merve 2005, S. 70.

[2] Ebd., S. 155.

verschmutzt alles und nennt es sein eigen."[3] Dieser Wortlärm, er weckt meinen Widerstand. „Wer seinen Tyrannen erkennen will, braucht nur auf den größten Lärm horchen. Dann wird er wie der sitzende Hund die Stimme seines Herrn hören."[4]

Plötzlich bin ich in einem Raum, an einem Ort, es ist noch früh, aber, schon ist es später. Jetzt, wo ich schon wach bin, wo ich meinen Körper, neu erobert, von einem Punkt A, jenem Ort, der eben noch Unort und zerknitterte Landschaft meiner Träume war, zu einem Punkt B bewegen will, sei es Kaffee, komme ich nicht umhin, diesen Widerstand, diese Schwere, Trägheit meines Leibes, zu erfahren, und ja eigentlich, in die Hände zu nehmen. Plötzlich dämmert mir, ich will sie beherrschen, die Emission dieses die Wände durchdringenden Lärmes. Entschlossen, lege ich mir meine Glieder zurecht, schüttle die letzten Tropfen Schlaf aus der Geometrie meiner Kissen. „Durch den Spiegel entdecke ich, dass ich nicht an dem Ort bin, an dem ich bin, da ich mich dort drüben sehe."[5] Es zeichnet sich etwas ab, klar umrissen, vor meinem inneren Auge. Ich mutiere zum Organismus, hungrig, finde ich mich wieder, verstrickt in das unüberschaubare Gewebe meines Begehrens. Ich habe etwas zu tun, sagt mein Widerstand, Widerwille, nämlich: „The organism we are speaking of persons the world; other types of organisms dog, giraffe, or cockroach the world."[6] Also wenn ich, wie ich glaube, weder Hund bin, noch Bär, noch Giraffe, bin ich dann, persönlich, Person? „It may seem that an organism has a person with which it is associated, but ... the admittedly clumsy term ‚organism that persons' ... portrays persons as being intermittent and transitory outcomes of coordinated forming rather than honest-to-goodness entities ...."[7] Die Sätze, die sich unter mein Erwägen mengen, geben mir einen Körper zurück, Augen, zwei Hände, mit ihnen, die Architektur einer Handlung. Mein erster Schritt geht schon über in einen zweiten oder über einen zweiten hinaus, unversehens bin ich, in Bewegung geraten: „The organism that persons is the first step on the path to the architectural body."[8]

Ich bin auf dem Weg, das impliziert: ein Dazwischen, ein Noch-Nicht, Weder-Noch, einen Grund oder Ungrund, der sich wie ein Polyp über meine tastende Aufmerksamkeit stülpt. „In der Implikation – hier meine ich den Akt des Einfaltens und nicht die logische Operation – liegt das Geheimnis des Gigantischen und der Miniaturisierung, der gewaltigen Informationsmenge, die an einem winzigen Ort verborgen ist oder daraus hervorkommt."[9] Mein Blick fahndet, detailvergessen, wandert, beginnt, die Vermessenheit eines rastlosen Kartographen an den Tag zu legen. „Wovon soll eine Karte gezeichnet werden? Die Antwort liegt auf der Hand: von Lebewesen, Körpern, Dingen..., die man anders nicht denken kann."[10] Meine Hände beeilen sich, der imaginären Geographie nachzukommen, die sich wie eine Luftspiegelung über dem Horizont abzeichnet, in der Hitze, unter dem unsäglichen Druck meiner Erwartung. „Jede Karte ist im zweifachen Sinn Projektion: Projektion einer verzerrten Welt (und auch einer nur zur Hälfte repräsentierten Welt), den wo bleiben der Lärm, der Gestank, die totgefahrenen Kinder), und zugleich ... ein Blatt Papier, das die Projektionen des Zeichners beinhaltet."[11] Ich imprägniere die Materie mit meinen Würfen, Entwürfen, werfe mich ihr lauthals entgegen. Meine Stirn liegt in Falten, ein zwischenzeitliches Zögern meiner Schritte zu überbrücken. „Und wenn Sie zufällig zwischen solchen Arbeiten und Gedanken mit einem Blatt Papier spielen und es immer weiter zusammenfalten, werden Sie erstaunt feststellen, dass man schon durch relativ wenige Operationen eine Dicke erreicht, die den Abstand zwischen Erde und Mond übersteigt ...."[12] Es verliert sich mein Widerstand, in diesen wahnwitzigen Dimensionen, an deren Rändern sich mein kleines Universum formiert. Wohnzimmer, lebende Räume, ein Leben, das wohnt. Die Topologie meiner Heimsuchung versickert, geräuschlos, im Schatten dieser löchrigen Geometrie.

[3]Ebd., S. 155.
[4]Ebd., S. 155.

[5]Michel Foucault: „Von anderen Räumen", in: Jörg Dünne (Hg.), Raumtheorie. Grundlagentexte aus Philosophie und Kulturwissenschaften, Frankfurt am Main: Suhrkamp 2006, S. 317-327, hier: 321.

[6]Arakawa, Madelin Gins: Architectural Body, Tuscaloosa, Alabama: The University of Alabama Press 2002, S. 1.

[7]Ebd., S. 1-2.
[8]Ebd., S. 2.
[9]Serres, a.a.O., S. 44.
[10]Ebd., S. 14-15.

[11]Paolo Bianchi, Sabine Folie: „Atlas Mapping. Künstler als Kartographen", in: KUNSTFORUM International 137· Atlas der Künstlerreisen (Juni - August 1997), S. 62-63, hier: 62.

[12]Serres, a.a.O., S. 44.

PROJECT TITLE **RAMÄR ODER DIE SCHIZOPHRENIE DES ZWISCH-ENRAUMS** (RAMÄR OR THE SCHIZOPHRENIA OF THE SPACE IN-BETWEEN) *ACRONYM* RAMÄR *TEAM* BERLINGER, FIEL *LOCATION* FLUC_WANNE, VIENNA *OCCASION* GROUP EXHIBITION *REALISATION* DECEMBER 2005 *CLIENT - BUDGET - PARTNER - SUPPORT* TEAM FLUC *TECHNICAL SUPPORT - BEST BOY* RAMÄR *OBJECTIVE* AMBIGU-ITY *KEYWORDS* MORPHING, SKIN, PASSAGE, MEMORY, SOFTNESS, WALL, WINDOW, CORNER *INITIAL PUBLICATION* TRANSFORMER 1, EXHIBITION CATALOGUE *SYNOPSIS* IN DESCRIBING A CONCRETE SI-TUATION, WE MAKE USE OF THE FUZZINESS OF INTERSTITIAL SPACES. EVENTS EXPOSE A SPECIFIC STRUCTURE FOR A LIMITED TIMESPAN. THIS STRUCTURE IS CONSTITUTED AROUND AN EMPTY FIELD. ITS SYMBOLIC SIGNIFICATION IS DEFINED BY THE ABILITY TO CHANGE AND TO DISPERSE ITS CHARACTERISTICS IN ACCORDANCE TO THE CURRENT CIRCUMSTANCES. THIS POINT OF CHANGE PRECISELY DE-FINES A PRACTICE OR RATHER THE LOCATION, WHERE THE PRACTICE HAS TO ESTABLISH ITSELF.

RAMÄR
construction process
2005
mixed media installation,
sound
`transformer 1`, fluc_Wanne,
Vienna

A NEGLECTED TEDDY BEAR - ABOUT TO ALTER - SPREADS ITSELF OUT, OCCUPIES ADJACENT TERRITORY: HUMONGOUS, STURDY, CUTE AND DANGEROUS. THE SPACE IN BETWEEN TURNS INTO A ZONE OF TRANSIENT MATERIALISATION, NEITHER BEAR, NOR RAMP: RAMÄR

above, RAMÄR
installation views
2005
mixed media installation,
sound
`transformer 1´, fluc_Wanne,
Vienna

GEORGE & SKY

above, Urban Adventures EAST #2,
A tribute to Jonathan Swift
video still
2005
public building performance
video, 11' 33'', colour,
sound
Karlsplatz, Vienna

opposite, GEORGE & SKY
photograph
2007
` Es geht um Licht, eh klar. ´

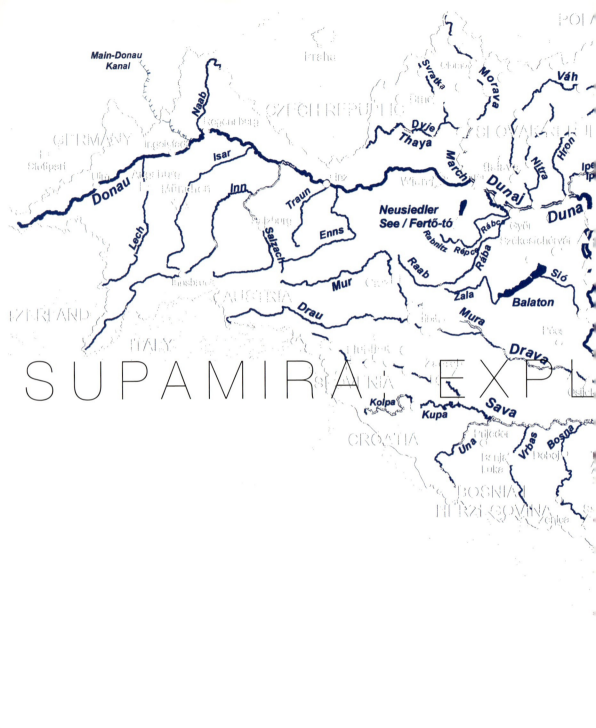

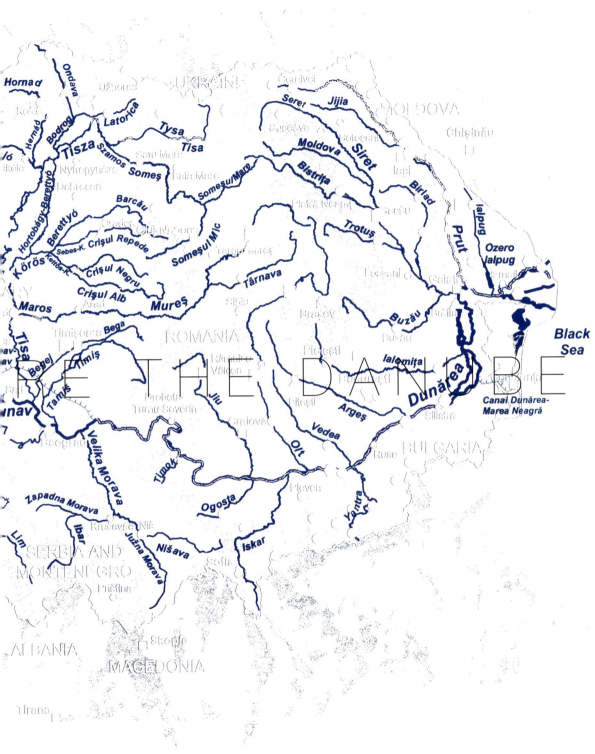

PROJECT TITLE **SUPAMIRA** *ACRONYM* SM *TEAM* FIEL *LOCATION* EUROPEAN WATERWAYS *OCCASION* PROJECT IDEA BY MIRJANA DJORDJEVIC AND WOLFGANG THALER *REALISATION* 2004- *CLIENT* KOMMUNIKATION&INHALT LTD/TANO BOJANKIN *BUDGET* € 500.000,- *PARTNER* BERNHARD ENGLEDER, MA28 STADTENTWICKLUNG WIEN *PROJECT MANAGEMENT* IPTS - INSTITUT FÜR POSTTAYLORISTISCHE STUDIEN *SUPPORT* CHRISTIAN BAUER, CHRISTOPH ZIEGLER *TECHNICAL SUPPORT* MARTIN E. UHLIG *BEST GIRL/BOY - OBJECTIVE* INITIATION *KEYWORDS* FREIGHT, EXCHANGE, CRUISE, `TAZ´, COLLECTIVE, PLATFORM, DIALOGUE, PARTY *INITIAL PUBLICATION* ARCHITEKTUR & BAUFORUM *SYNOPSIS* THE DANUBE BASIN TOGETHER WITH THE BLACK SEA REGION IS A HOTBED OF CULTURAL DIVERSITY, WHOSE SPECIFICS HAVE HITHERTO BEEN UNKNOWN TO A BROADER PUBLIC. TRIGGERED BY EXPERIENCES IN BELGRADE, PARIS AND BERLIN, WHERE ENTERTAINMENT BOATS MOSTLY REMAIN ANCHORED TO THEIR PIER, OUR AIM IS TO ESTABLISH A FLOATING CULTURAL PLATFORM ON THE DANUBE: THE SUPAMIRA.

opposite, SUPAMIRA
model photographs
2004 -
ongoing project,
Vienna

previous pages, SUPAMIRA
Map of Danube Bay

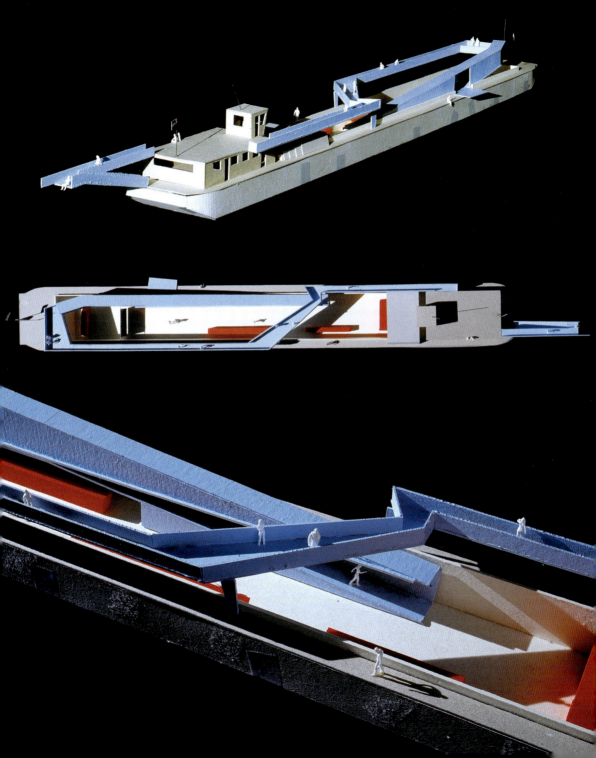

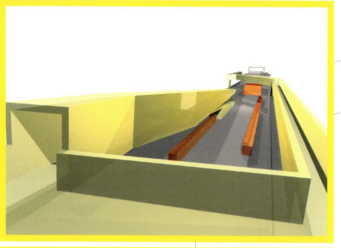

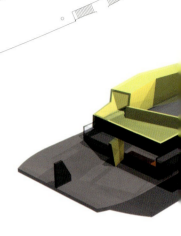

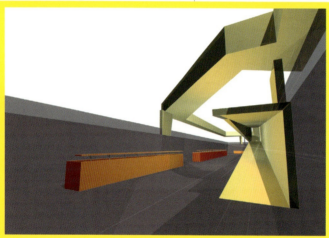

SUPAMIRA
siteplan of Viennese homebase,
Hermannpark
2004 -
ongoing project,
Vienna

left above, SUPAMIRA
interior view

left top, SUPAMIRA
view from walkway

right top, SUPAMIRA
computer rendering

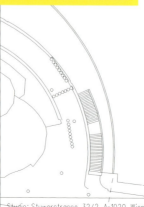

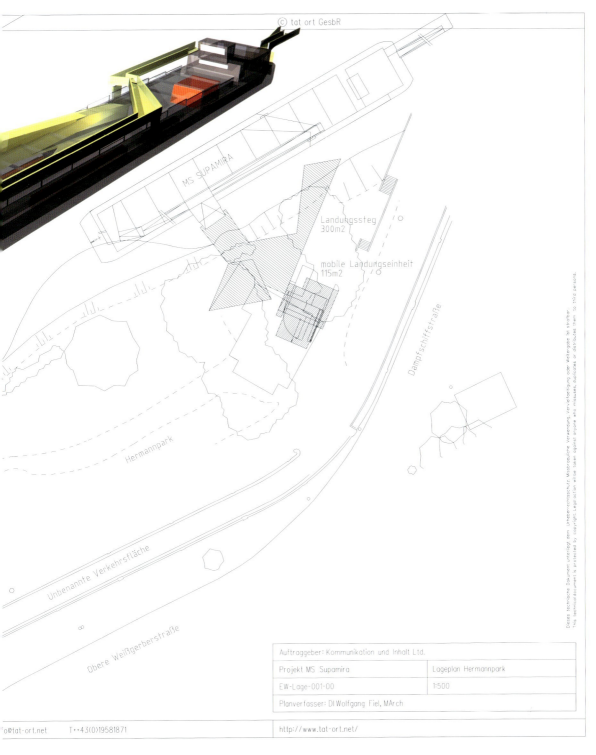

MS SUPAMIRA

Landungssteg
300m2

mobile Landungseinheit
115m2

Dampfschiffstraße

Hermannpark

Unbenannte Verkehrsfläche

Obere Weißgerberstraße

Auftraggeber: Kommunikation und Inhalt Ltd.	
Projekt MS Supamira	Lageplan Hermannpark
EW-Lage-001-00	1:500
Planverfasser: DI Wolfgang Fiel, MArch	

o@tat-ort.net   T++43(0)19581871   http://www.tat-ort.net/

SUPAMIRA: Venture Shipping on European Waterways

The Danube is one of the most important rivers in Europe. Its riparian states mirror a turbulent history, unparalleled on the continent. Due to the current expansion of the European Union and its potential for further developments, Vienna has become an important interface between the western and eastern european countries and thus seem predestined to host the project.

The cultural platform is envisaged to be realised in the form of a converted freight vessel. The architectural premises are not solely bound to issues such as functionality and flexibility, but to make for a gesture of cultural significance. Its distinct identity could contribute to the presentation of the Danube as an axis of transportation and link between a rich variety of cultural backgrounds.

Essentially the ship will stop at various locations along the Danube in order to celebrate artistic diversity and to invigorate the synergies between already existing activities and institutions. In terms of its programming the focus lies primarily on contemporary art such as music, film, new media, theatre and performance. Projects realised on board are seen as public interface between science, technology, culture and commerce.

Venture Capital - Collective Fundraising

The financing of the infrastructural one-time costs is built up by modules – a classic share certificate model without lost benefits. The original purchaser of a Supamira share will be named on the document, with her/his name becoming both integral to the artwork itself and the potential realisation of the project in general. In addition, each original shareholder will be named on the owners' plaque to be mounted on board the Supamira.

Upon reaching the calculated break even, share revenues will be spent exclusively on the purchase and subsequent conversion process as daily operation thereafter pays for itself.

While stocks last, the Supamira Shares are freely available to everybody with an interest in this project, providing a small but important contribution to an innovative and promising adventure: Stakeholder and Shareholder are identical.

above, SUPAMIRA
Share of Supamira,
Multiple by Tex Rubinowitz,
21x14,8cm, Edition: 10.000
2004 -
ongoing project,
Vienna

opposite, SUPAMIRA
for inspiration

WALK THIS WAY

FROM TOP RIGHT: DIE WIEGE DER DEMOKRATIE TEIL 1 - SAN FRANTZISKO. EL MUNDO. - INWÄNDIG - URBAN ADVENTURES EAST #4 - DIE WIEGE DER DEMOKRATIE TEIL 1 - KNOTEN INNSBRUCK MITTE - RAMÄR - TAT ORT SONNENTERRASSE - SUPAMIRA.

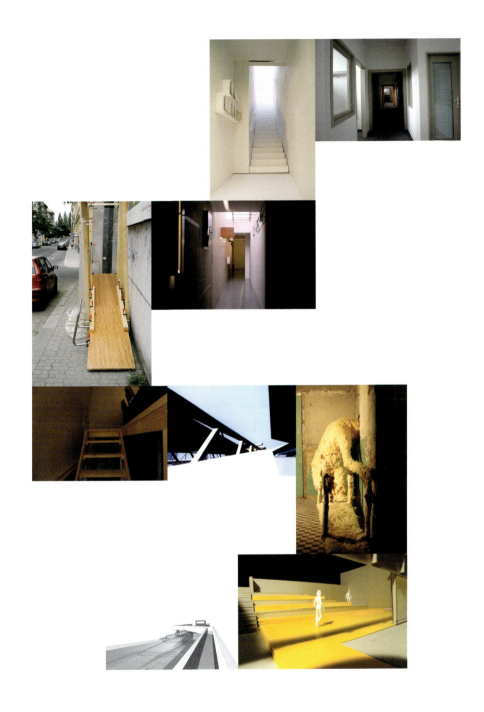

IVAN

above, Urban Adventures EAST #3,
Triumphal Arch
video still
2005
public building performance
video, 9' 19'', colour,
sound
Berggasse 19, Vienna

opposite, IVAN
photograph
2007
`Es geht um Licht, eh klar.´

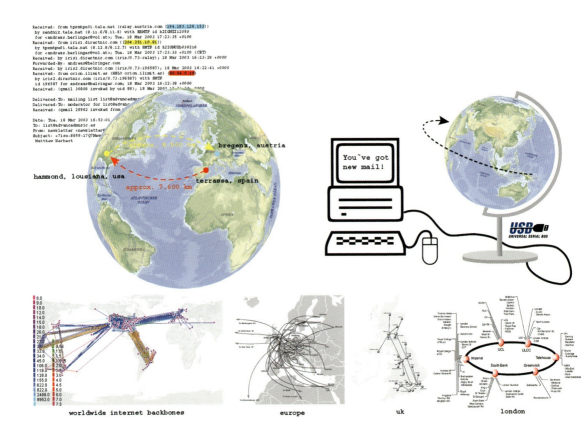

```
Received: from tpsmtpu01.tele.net (relay.austria.com [194.183.128.153])
  by sendmix.tele.net (8.11.6/8.11.6) with ESMTP id h2IGNZI12050
  for <andreas.berlinger@vol.at>; Tue, 18 Mar 2003 17:23:35 +0100
Received: from iris1.directnic.com ([204.251.10.91])
  by tpsmtpu01.tele.net (8.12.8/8.12.7) with SMTP id h2IGNUXb030216
  for <andreas.berlinger@vol.at>; Tue, 18 Mar 2003 17:23:33 +0100 (CET)
Received: by iris1.directnic.com (iris/0.73:relay) 18 Mar 2003 16:23:28 +0000
Forwarded-By: andreas@belringer.com
Received: by iris2.directnic.com (iris/0.73:196507) 18 Mar 2003 16:22:41 +0000
Received: from orion.ilimit.es (HELO orion.ilimit.es) [80.94.0.10]
  by iris2.directnic.com (iris/0.73:196507) with SMTP
  id 196507 for andreas@belringer.com; 18 Mar 2003 16:22:38 +0000
Received: (qmail 30808 invoked by uid 89); 18 Mar 2003 15:5... 0000

Delivered-To: mailing list list@advancedmu...
Delivered-To: moderator for list@advanc...
Received: (qmail 29962 invoked from ...

Date: Tue, 18 Mar 2003 16:53:01 ...
To: list@advancedmusic.es
From: newsletter <newsletter...
Subject: =?iso-8859-1?Q?New...
  Matthew Herbert
```

hammond, lousiana, usa

bregenz, austria

approx. 6.500 km

approx. 7.600 km   terrassa, spain

You`ve got new mail!

USB
UNIVERSAL SERIAL BUS

worldwide internet backbones

europe

uk

london

G.E.T.system v0.1b
Belringer

Email is a widely accepted communication channel. Billions of emails are sent daily around the globe almost instantly. Without our knowledge the message gets routed from one node to another, passsing countless networks and covering huge physical distances. This distortion of time and space is addressed by the G.E.T. system:

The idea is to visualize the real space the physical networks occupy and the route a message takes to reach its destination. Therefore a conventional globe is attached to the computer via USB. Actuators and LEDs inside the globe indicate the message's origin, destination, time, physical distance and route across the worldwide network.

What is taken for granted is brought back into the users' consciousness.

below, Urban Plankton
computer simulation
2003
competition entry
Museumsquartier, Vienna

pp. 80-81, Urban Plankton
conceptual diagram

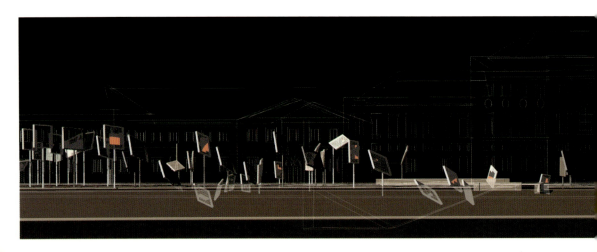

78

PROJECT TITLE **URBAN PLANKTON** *ACRONYM* URBP *TEAM* BER-LINGER, FIEL, WIN MAN, MICHELE ZANELLA *LOCATION* MUSEUMS-QUARTIER VIENNA *OCCASION* COMPETITION ENTRY *REALISATION* NOVEMBER 2003 *CLIENT* MUSEUMSQUARTIER ERRICHTUNGS- UND BETRIEBSGESELLSCHAFT *BUDGET* € 300.000,- *PARTNER - SUPPORT - TECHNICAL SUPPORT* PETER THORWARTL/SO-LOGIC *BEST GIRL/ BOY - OBJECTIVE* GUIDANCE *KEYWORDS* FORMATION, CONCENTRA-TION, BILLBOARD, ZONE, FLOCKS, CONDENSATION, MAGNET, VEC-TOR, STUBBLEFIELD *INITIAL PUBLICATION - SYNOPSIS* CONSIDERING THE BIG NUMBER OF INSTITUTIONAL RESIDENTS THE COMPETITION PARTICIPANTS WERE EXPECTED TO DEVELOP APPROPRIATE MEANS OF ORIENTATION, PUBLIC DISPLAY AND ADVERTISEMENT. THE BRIEFS KEY EMPHASIS WAS PUT ON THE NECESSITY TO DISPERSE THE VISI-TOR FLOW OVER A NUMBER OF ENTRANCES ALONG THE HUGE EX-ISTING BUILDING COMPOUND AND TO PROVIDE A PUBLIC DISPLAY FOR THE INSTITUTIONS INSIDE.

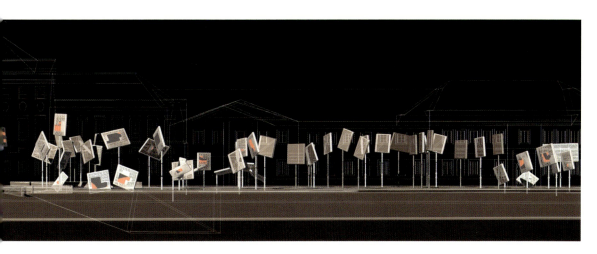

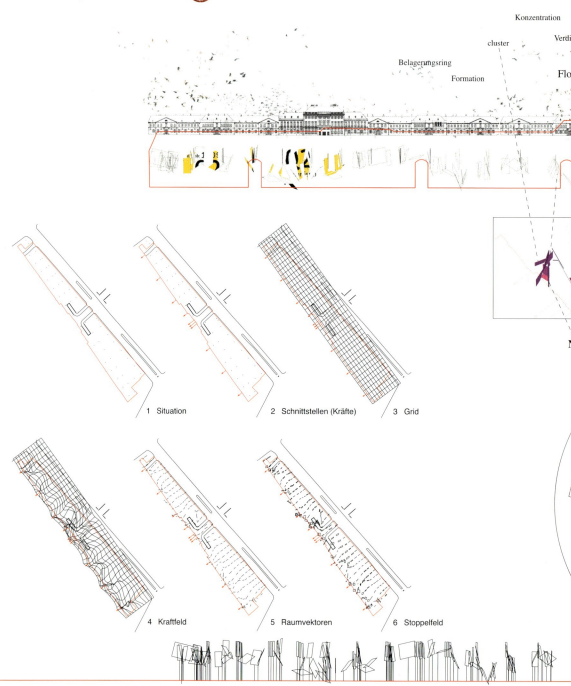

Datenhimmel

Konzentration

Verdic

cluster

Belagerungsring

Formation

Flo

1 Situation   2 Schnittstellen (Kräfte)   3 Grid

4 Kraftfeld   5 Raumvektoren   6 Stoppelfeld

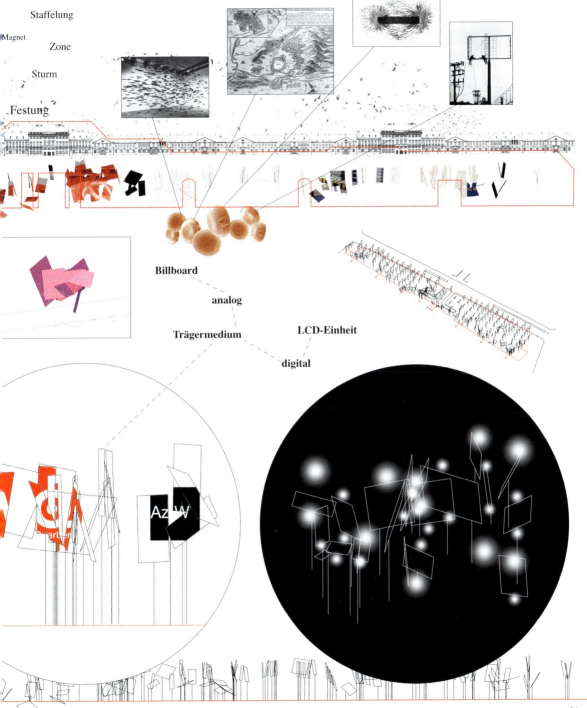

Staffelung

Magnet

Zone

Sturm

Festung

Billboard

analog

Trägermedium

LCD-Einheit

digital

below, Urban Plankton
model photographs
2003
competition entry
Museumsquartier, Vienna

opposite, Urban Plankton
billboard, exploded view

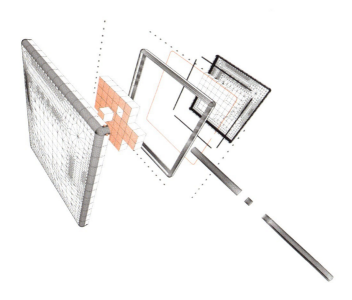

Urban Plankton

A spatial distribution of singular forces, each of them stands for one of the main entrances along the main façade, is gradually deforming the regularity of the given grid (grid determined by the forecourts overall layout, floor- and green patterns and existing lighting). Effectively, the grid nodes are rearranged in space and its tangents to the resulting topography are the `vectors´ for the distribution of newly developed elements. These `floating billboards´ are composed of clustered formations indicative for each of the physical entrances and their respective institutional identity.

The `stuble field´ is varying in terms of its height profile and density. The actual physical appearance of the information elements ranges from analogue permeable light objects to digital billboards; from glowing `light vessels´ to dynamic LED- information carrier. Elements for media production: Urban Plankton.

EXTEND YOUR WALL ©

URBAN PLANKTON

HEAVY DUTY

BILBAO INVENTIVENESS

ZOO (STUFFED ONLY)

AIR-BATH

NAUGHTY BY NATURE   URBAN DECAY IN MOSCOW

LAUTERACH STREET ART   LONDON STREET ART

SWEDISH SMARTNESS IN VIENNA   SOCIAL ROOM, HAMBURG

SHRINK AND SHINE
Shrinking Cities competition entry for Manchester/Liverpool

1. A brief summery of the project idea

The phenomenon of `shrinking cities´ is not merely the result of disappearing jobs and people - but also the obstinacy of the existing urban fabric. While the evolution of industry - from a Fordist production era model to a globalised service model - has affected this situation, it is exacerbated by the unending objective of architectural production as a modernist paradigm of standardised provision of seemingly flexible but anonymous space. Potential clients and builders - e.g. property owners, real estate dealers, town councils or project developers - purport to think globally, but when it comes to the physical manifestation of their businesses, they are unable to leave behind the ingrained concepts of permanence and particularity in their buildings' purposes and usage.

Forced to acclimate to an ever-changing market, these builders and businessmen disregard any concept of reconsideration of their current physical space and make dramatic migrations thus abandoning their tailor-made spaces within the confines of the tight urban fabric. In their wake they leave vacant apartments and deserted industrial facilities that become harbingers for the loss of cultural and social institutions. Instead of addressing this situation with conceptual flexibility and creativity, those responsible for these now lifeless physical structures leave them to cruel fate. They fall into the hands of a speculative real estate market or are handed over to the local government. The latter are then tightly bound between dim economic expectations and even bleaker architectural, social, and cultural prospects.
We propose a system of professional management for this large pool of disused resource administered by an independent and lean net-institution in two manners:

1. A need for specific microspaces as conversion projects, which determine the reuse of built space.
This capacity is entitled: Transformation of existing space.

2. A need for material resources, which are determined for reuse within a different context.
This capacity is entitled: Translocation of physical matter.

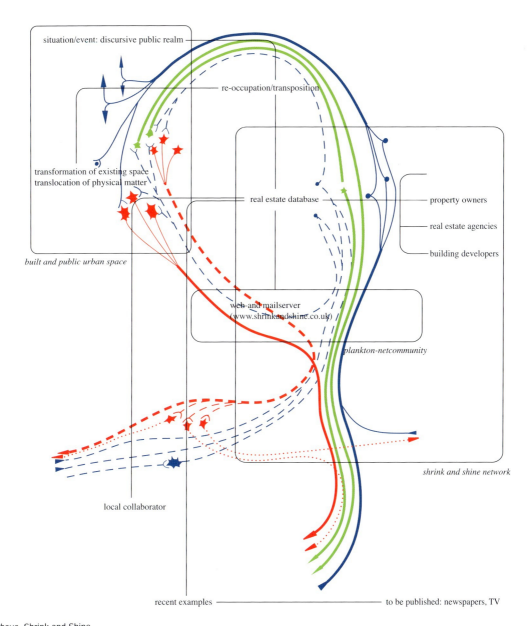

situation/event: discursive public realm

re-occupation/transposition

transformation of existing space
translocation of physical matter

real estate database

property owners

real estate agencies

building developers

built and public urban space

web- and mailserver
(www.shrinkandshine.co.uk)

plankton-netcommunity

shrink and shine network

local collaborator

recent examples ———————————————— to be published: newspapers, TV

above, Shrink and Shine
organization chart
2004
`Shrinking Cities´, competition entry,
Manchester/Liverpool

following pages, Shrink and Shine
transitional elements

2. Subject: What is our subject? What do we perceive our task to be?

Main subjects of our proposal are:
1. On how to occupy architecture (mindset)
2. On how to transpose the physicality of space (specific intervention).

Our primary objective is to expel the phenomenon as of highly individual socio-economic concern, championing micropolitical directives for liberated occupation and transpositon of abandoned space or the translocation of physical matter, institutionalized on a macropolitical scale providing net-based resource-publication and project-specific consultance. Aim is to initiate a public discourse about modes for individual engagement with the existing physical substance of the city in the most encompassing sense. A call for active micropolitical creativity in order to occupy what's left behind by corporate bodies or ruthless real estate dealers. The task would be to obliterate the traditionally restrictive urban planning policies, to restrict the unleashed economic power of real estate market and to create a vehicle to fight a creeping system of educational and professional mediocrity of self regulated and collusive construction industry.

Our position is understood to initiate a discourse accordingly in order to focus public awareness on the potential transitive properties of built and public urban space expressed in a series of events.

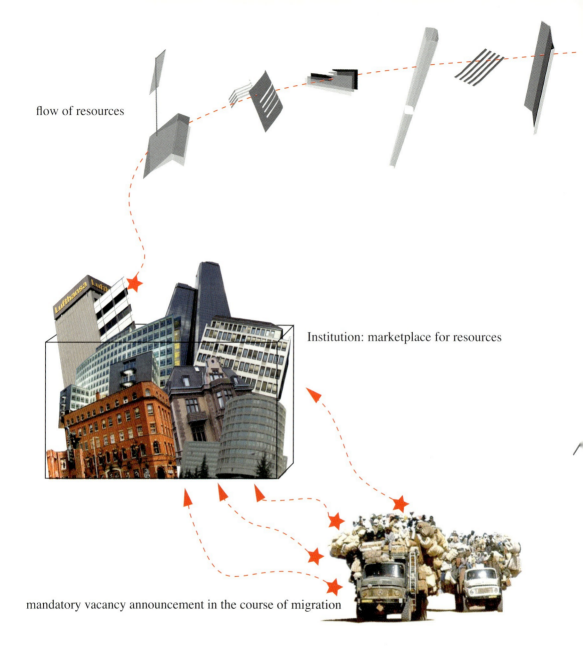

flow of resources

Institution: marketplace for resources

mandatory vacancy announcement in the course of migration

Shrink and Shine
flow chart
2004
`Shrinking Cities´, competition entry,
Manchester/Liverpool

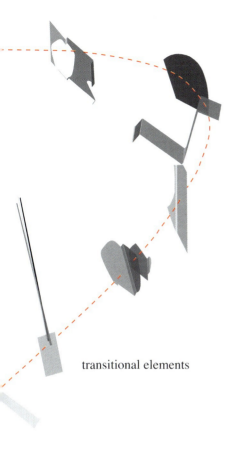

transitional elements

resignification because of a new context

Procedurally Shrink and Shine operates as follows:

Once an existing physical structure is about to be abandoned the previous user or owner hands it over to the aforementioned independent institution in exchange for real estate management, in an appropriate time frame, free of charge. This institution then operates as provider of information, mediating between the abandonment and the revitalisation, therefore filling the gap between the previous owner's expectations for immediate financial gain and those in need of either the existing space or its material resources who are unable to purchase the space outright due to vestigial high rents and little start-up capital. Also in the interim, it offers guidance to the potentially new owners from the initial interest in the property through realisation of a concrete project. It is more convenient for these potential buyers to deal with an independently operated institution than the often anonymous and nonnegotiable branches of the vacating company. Once the start-up has overcome its initial lack of funds the independent institution then acts as a go-between for reimbursement to the original owners, thus completing the transition of ownership having employed a more rational process.

ad 1) The simple, and truthfully satiable, need for vacant space is often discour-aged by the speculative parameters of the real estate market. Providers tend to leave their spaces empty for long periods of time, ensuring artificially high rents and a larger profit margin. They do not recognise the wider impact their uninhabited space has on the urban environment. Additionally, the minimum amount of square meters they arrange to let out is all too often more than is actually required of potential costumers and thus unaffordable. The provider -the vacating owner - currently makes decisions about the distribution of potentially rental space within a larger structure and therefore the benefit of a customized solution has often has been ruled out early on or, in fact, never entertained. The biggest burden of all is that the rental tenant is rarely allowed to adjust the property according to its specific needs.

ad 2) A more radical solution for this redistribution and revitalisation of space may be the concept of translocation physical matter. This methodology assumes a basic vision of the urban environment existing as specific total amount of physical resources, which remains relatively constant but is in a permanent state of flux. The multi-layered urban tissue can be interpreted as a re-semblance of fragments - urban plankton - which establishes the city as a continuous construction site where vacant existing buildings are turned in to artificial deposits. The blurred edges of the physical and social constructions are extensively intermingled within and with the urban fabric.

KESSI

above, Urban Adventures EAST #4,
Extension to the Wittgensteinhouse
video still
2005
public building performance
video, 17' 05'', colour,
sound
Wittgensteinhouse, Vienna

opposite, KESSI
photograph
2007
` Es geht um Licht, eh klar. ´

left, VG
Baubüro
1999-2001
Conversion/Conservation Project,
Haerdtltrakt, Volksgarten Music Club,
Vienna

pp. 96-97, VG
conceptual diagram

PROJECT TITLE **VOLKSGARTEN** *ACRONYM* VG *TEAM* FIEL, PHILIPP FURTENBACH, REINOLD KNAPP *LOCATION* HAERDTLTRAKT, BURGRING VIENNA *OCCASION* COMISSION *REALISATION* 1999-2001 *CLIENT* M. BÖHM-ERÖS KEG *BUDGET* € 1.2 MIO. *PARTNER - STRUCTURAL ENGINEERING* WERKRAUM WIEN *CONSULTANCY* DR. FRIEDRICH DAHM, LANDESKONSERVATORAT WIEN *SPECIAL SUPPORT* KARL HEINZ WÜRDER *BEST BOY* DRAGAN *OBJECTIVE* OPERABILITY *KEYWORDS* HERITAGE, LAYERS, MATERIALITY, STRUCTURE, MACHINE, ALTERABILITY, ADAPTATION, FUNCTION, RE-INTERPRETATION, SOUND, LIGHT, IDENTIFICATION, DIFFERENCE, ZONING, SOFTNESS, SYSTEM, PATTERNS, CUT, SINCERITY *INITIAL PUBLICATION* ARCHITEKTUR & BAUFORUM *SYNOPSIS* THE EXISTING BUILDING COMPOUND IS DIVIDED INTO TWO MAIN PARTS:

THE LATE 19TH CENTURY NEO-CLASSICAL PORTICO (NICKNAMED `KIPFERL´ OR `BANANE´) AND THE PART ADJACENT TO THE WIENER RINGSTRASSE, BUILT IN 1959 ACCORDING TO PLANS BY OSWALD HAERDTL, A KEY EXPONENT OF MODERNISTIC POST-WAR ARCHITECTURE IN AUSTRIA.

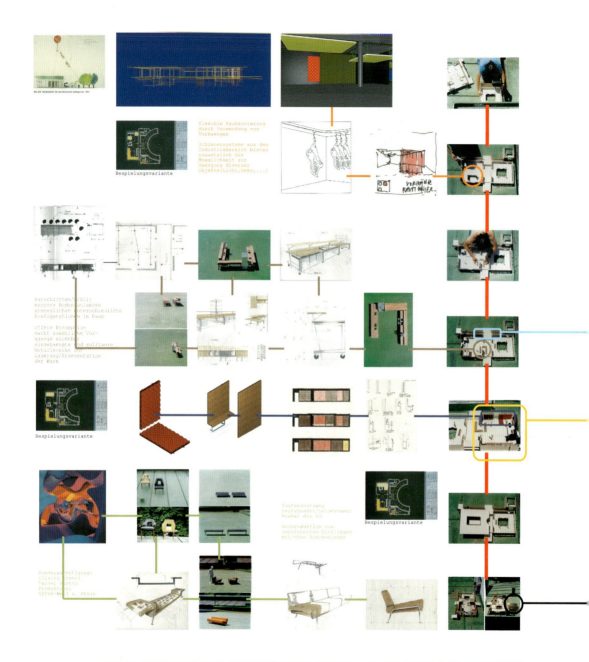

flexible Raumzonierung
durch Verwendung von
Vorhaengen

Schienensysteme aus dem
Industriebereich bieten
zusaetzlich die
Moeglichkeit zur
Haengung diverser
Objekte(Licht,Deko,...)

Bespielungsvariante

Barschlitten'schli:
mehrere Bodenschuelaense
ermoeglichen unterschiedliche
Konfigurationen im Raum

offene Konzeption
macht saemtliche Vor-
gaenge sichtbar
eingehaengte und solitaere
Metalkoerbe zur
Lagerung/Praesentation
der Ware

Bespielungsvariante

Instandhaltung
bestehenden/vorhandener
Moebel des VG

Reproduktion von
demolierten Sitzliegen
mit roher Moosgummiebae

Bespielungsvariante

Sonderanfertigung:
living lounge:
Werner Aertni
Produktion:
VITRA/Weil a. Rhein

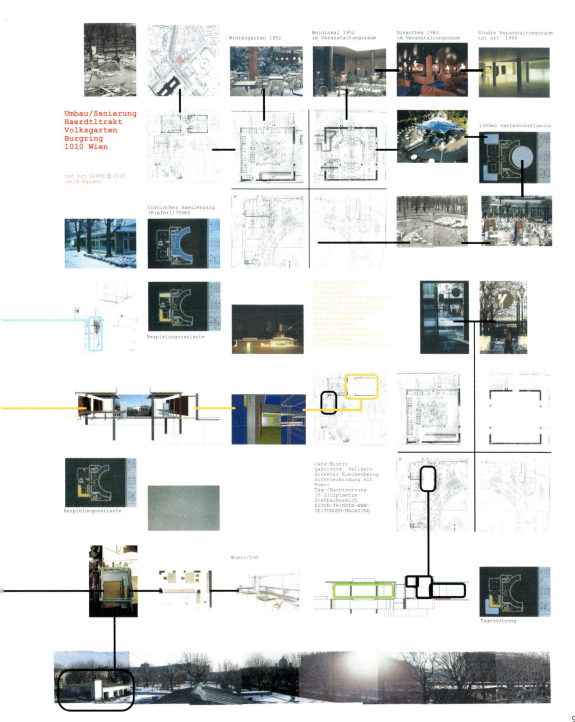

Wintergarten 1952

Weinlokal 1952
im Veranstaltungsraum

Diskothek 1983
im Veranstaltungsraum

Studie Veranstaltungsraum
tat ort 1999

**Umbau/Sanierung
Haerdtltrakt
Volksgarten
Burgring
1010 Wien**

tat ort GesbR © 2000
(alle Kassen)

1500m2 Gartennutzflaeche

Cortischer Saeulengang
(Kipferl) 700m2

Bespielungsvariante

Bespielungsvariante

Cafe-Bistro
gastronom. Zellkern
direkter Kuechenbezug
Sichtverbindung mit
Buero
Tag-/Nachtnutzung
30 Sitzplaetze
Stehbarbereich
ESSEN-TRINKEN-WWW-
ZEITUNGEN-MAGAZINE

Buero/1OG

Tagesnutzung

V G :

below, VG
opening flyer
May 2001
Conversion/Conservation Project,
Haerdtltrakt, Volksgarten Music Club,
Vienna

O S W A L D   D I D   I T

some things will never change

VG

JBL vitra.

PRESERVE THE CALM!

Photograph taken in Alberschwende / Bregenzerwald

URBANIZE RHEINTAL!

View on the Lower Rhinevalley of Vorarlberg, a dense agglomeration of villages: paradigmatic example for urban sprawl

above and opposite, DESIGN UK
SELECTION
installation views
2005
joint presentation with
LosPalurdos/Per Fagring, London
U Block Warehouse, The Truman Brewery,
London

page 106, Weltempfänger
3D-coordinates
2006
exhibition stand, glasstec
Düsseldorf

page 107, Weltempfänger
exhibition view

page 107 left, Weltempfänger
model photographs

DESIGN UK SELECTION 2005

Per Fagring and Wolfgang Fiel met at the Bartlett/UCL, where they both received their master-degree in Architectural Design. Remaining in London Per started the studio LOSPALURDOS-FAGRING INTERNATIONAL in 2004, designing and manufacturing small scale products. Altough, Wolfgang and Per remained friends over the years, the installation for the DESIGN UK SELECTION 2005 is their first collaborative project.

Using objects of everyday life, rubbish and discarded materials, a makeshift structure serves for the presentation of two design products: a lounge chair and a bench. The lounge chair, designed in 2004 and first introduced at the DESIGN UK SHOWCASE in 2004, has since been widely published in english and international press. The other product is a playful bench, which was designed and manufactured recently and has not been exhibited yet. Both are made from hand laid fiberglass with a polyurethane spray finish, available in 6 different colours. It is the contrast of the rough spatial setting against the glossy and high quality finish of these objects that we intended to emphasise.

Per and Wolfgang.

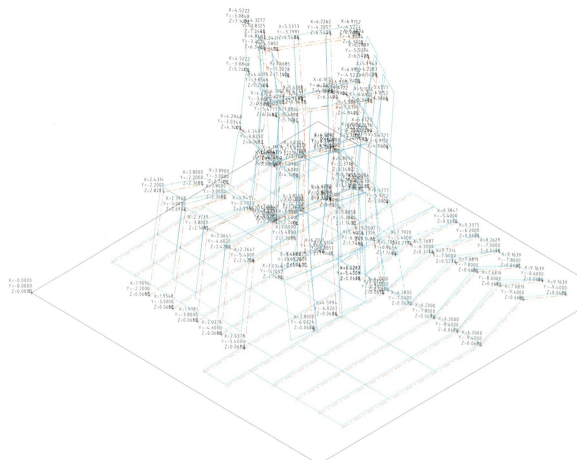

WELTEMPFÄNGER (WORLDRECEIVER)

The Austrian glass processor glasWest commisioned us to develop a presentation concept and the exhibition design for their appearance at the International Trade Fair 'glasstec 2006' in Düsseldorf, Germany. The client wanted us to focus the presentation on their latest developments in the process of powder coating glass, unique for the exterior use of glass.

We decided to apply a dense but irregular grid of satellite dishes on the glass sheets that covered the supporting steel structure. The satellite dishes signalise 'reception' and viewed from a distance as 'hot-dots', would potentially attract visitors to the stand.

KORA

above, Urban Adventures EAST #5,
Reworking Gironcoli
video still
2005
public building performance
video, 13' 26'', colour,
sound
Danube City, Vienna

opposite, KORA
photograph
2007
`Es geht um Licht, eh klar.´

Zelle für spontane Aktion
Wolfgang Fiel

With Althussers (1982) conception of an aleatoric materialism any purpose has been substituted by the immediate presence of unprecedented circumstances with causality been bent over the aleatoric nature of the surface. It is this `surface of events´ - the realm of urban public space - which ought to be equipped with dynamic and transitional patterns of discursive and materialistic ecologies. Events will be created - individual incidents or accidents - resistant towards any generalised description or classification a priori, magical or cruel moments in ordinary everday life. Altering the perception of space in the course of an unfolding event, this concept is opposed to the traditional notion of the architectonic as something static and immutable.

Althusser, L. (1982) Sul pensiero marxista. *In: Sul materialismo aleatorio*. Milan, Edizioni Unicopli.

opposite, Zelle für spontane Aktion
installation view
2006
semitrailer tractor MAN TGA,
mixed media
`Zur Zeit II´, Künstlerhaus
Palais Thurn und Taxis, Bregenz

above, Zelle für spontane Aktion
Fahrtenschreiber
2006
semitrailer tractor MAN TGA,
mixed media
`Zur Zeit II´, Künstlerhaus
Palais Thurn und Taxis, Bregenz

opposite, Zelle für spontane Aktion
drawing, pencil on paper, 70x60cm

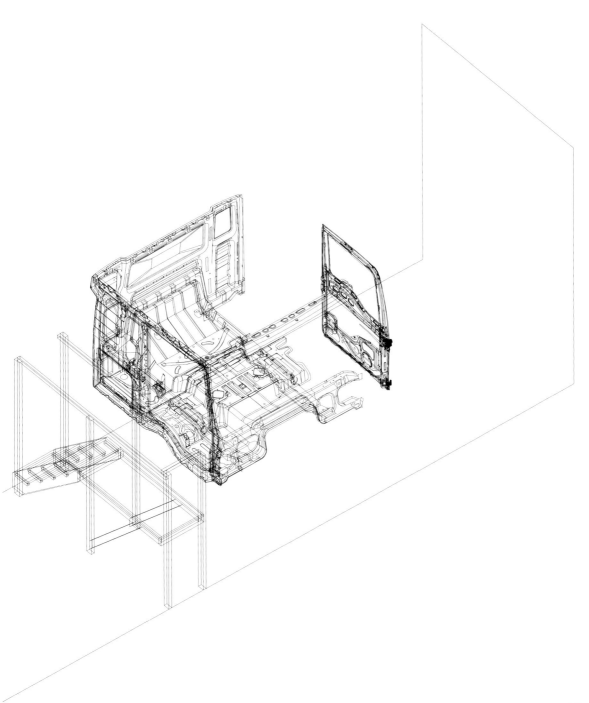

113

TINKY, GEORGE & SKY, IVAN, KESSI, KORA:

Es geht um Licht, eh klar.
(Ein Täterprofil)

It´s about light, of course.
(A perpetrator profile)

Alexandra Berlinger
Photoinstallation consisting of an indefinite number of unmodified
photographs extracted from the internet.
2006 -
All photographs ca. 30x40cm

special thanks to Sabine Ott und Hubert Blanz.

Urban Adventures EAST #1-5

Wolfgang Fiel
The Urban Adventures were part of a contribution to the exhibition
`EAST*international´*, held at the Norwich Gallery in 2005.

The conceptual framework was to go for a daily stroll in Vienna for the
seven weeks of the exhibition in search of traces and concrete evidence of
"Dissipative Urbanism". I was looking for specific scenarios, social com-
munities, visual references, similar concepts, ideas or activities, that were
captured, documented and transmitted to Norwich Gallery on a continual
basis. By means of discarded materials, objects of everyday life and
garbage I set up small and temporary physical structures in the realm of
urban public space, that acted as specific environments for performances,
provoking immediate awareness and response of unknown passersby.

First published in: EAST*international* 2005: Selector Gustav Metzger,
Curator Lynda Morris. Norwich, Norwich Gallery/UK.

special thanks to Ulrich Gabriel and Joachim Bock.

Sorting the order of pages
tat ort Studio, Vienna

tat ort spricht…

Also, wie findet ihr ist unser erstes richtiges Buch geworden?

Ich muss sagen, ich bin recht zufrieden, fast begeistert.

Knallt´s so richtig?

Meiner Meinung nach ist uns genau das richtige Mischungsverhältnis (und damit meine ich nicht die Betonplatte im Volksgarten) zwischen gediegenem Understatement und modischem Schnickschnack gelungen.

Abstand haben wir ja noch keinen, mal sehen ob wir in einem Jahr immer noch begeistert sind.

So ein Buch ist auch immer eine Momentaufnahme, nächstes Jahr würden wir´s vielleicht ganz anders machen.

Auf alle Fälle hat dieses Buchprojekt für mich auch einen therapeutischen Zweck erfüllt.

?

?

Ja, gewisse Dinge sind damit einfach erledigt, die greif ich nicht mehr an. Abgehakt.

Aber wie glaubt ihr wird das Buch interpretiert, kriegt man eine Ahnung wie tat ort sich definiert? Ich meine, ist das Ganze schlüssig? Mal machen wir auf Architektur, dann wieder auf Kunst und das Thema Urbanismus kommt auch noch vor.

Das kann man so salopp nicht formulieren. Jeder von uns verfolgt ja auch sein eigenes Ding, und nicht nur eines, darum ergeben sich je nach Konstellation und Kontext unterschiedliche Arbeiten, die sich möglicherweise nicht auf den ersten Blick miteinander verbinden lassen. Dazu kommt, dass tat ort eine Geschichte hat.

Außerdem ist es eine Herausforderung jedesmal quasi ganz vorne zu beginnen. Manchmal ist es gut eine gewisse Naivität der Sache gegenüber an den Tag zu legen.

Eine Herausforderung kann auch sein, ein neues Medium zu verwenden, so lapidar kann der Ausgangspunkt einer neuen Arbeit sein. Ja, ich würde sagen, die Herangehensweise zu ändern ist ein wichtiger Punkt unseres Selbstverständnisses.

Wir wollen ja nicht festfahren, wie wir das des öfteren bei unseren Kollegen kritisieren.

Aber nochmal zurück zu der Frage, ob wir mit ein paar Sätzen formulieren können, was tat ort ausmacht, eine Synopsis, quasi?

Ist das denn notwendig? Haben wir dafür nicht das Buch gemacht und damit ein Statement gesetzt?
Wir sind (noch) jung, dynamisch, flexibel und intelligent und wer uns engagiert, kann sich

sicher sein, dass er nicht das kriegt was er sich vorgestellt hat!

Das klingt jetzt wie ein Werbeslogan, inhaltlich kann ich damit gar nichts anfangen. Ich glaube, dieses Gespräch führt nirgendwohin, es scheint mir nur um eine Rechtfertigung zu gehen, warum wir uns nicht festlegen.

Moment! So ein Bruch ist schon entscheidend, sowohl was das Verhältnis zur vorherigen Arbeit betrifft, als auch den Bruch innerhalb einer Arbeit.

z.B.?

Wie z.B. Rocky, der Hund, der mittlerweile schon bei zwei Arbeiten unkommentiert auftaucht. Das ist so ein Eindringling, der sagt, ja schön hier, könnte man aber auch ganz anders machen. Er ist der Witz bei der Sache, herausgelöst, nicht inhärent. Da ist nicht der Wurm drin sondern dran :D

Diese Idee finde ich überhaupt gut, herausgelöste Elemente, die einer Arbeit scheinbar nicht angehören aber gut tun können.

Die Hunde ziehen sich bei tat ort durch... man beachte den Hund auf dem VG Eröffnungsflyer.

Ja aber der Hund kommt schon von mir!

Bei tat ort geht´s ums Wir!

Eben nicht nur, aber lassen wir das... wir waren beim Bruch...

Ein Bruch kann doch einen Zwischenraum erzeugen? Und der Zwischenraum ist schon eines unserer Lieblingsthemen, das sich sicherlich noch ein wenig ausbeuten lässt.

Wir legen uns da allerdings nicht fest, auf keinen Fall. Wir nehmen uns die Freiheit heraus, am Morgen danach unsere Meinung zu ändern. Generell. Zweifel sind sowieso immer vorhanden, was sich durchaus in den Arbeiten niederschlagen kann.

Wir sind für die Befreiung der Fesseln des roten Fadens!

Ist euch eigentlich schon aufgefallen... dass, wenn man die Selbstlaute von tat ort vertauscht und die Reihenfolge der Worte wechselt, art tot herauskommt?

Das wär ja noch schöner!

So oder so ähnlich hätte ein Gespräch verlaufen können, wenn wir es tatsächlich geführt hätten.

tat ort talking…

So, how you think our first real book has become?

I got to say, I´m quite pleased, almost enthusiastic.

Is it stunning?

In my opinion we did actually achieve the perfect mixture between genuine understatement and timely falderal.

We haven´t got enough distance from the work yet, let´s see whether we are still enthusiastic in about a year.

A book like this always captures a moment in time, next year we would probably put it completely different.

In any case this book project definitely met a therapeutical purpose.

?

?

Yes, some projects are simply dealt with, I will never touch them again. Ticked.

But, how you think the book will be interpreted, does one get an idea how tat ort is defined? I mean, does the hole thing make sense? At times we turn to architecture, then back to art and the topic of urbanism appears as well.

That sounds too sloppy. Each one of us is concerned with her/his own business as well, and not only one, therefore the work is quite different, depending on the given constellation and context. Links might not appear at first glance, plus there is a history to tat ort.

Besides, it is a challenge to start from scratch. Sometimes it´s good to show some naivety with stuff.

Also it can be a challenge to try a new type of media, an example for a simple starting point for a new project. Yes, I would say, to change one´s approach is a very important point of our self-conception.

We don't want to get stuck, something that we often criticise about our colleagues.

But back to the question, whether we are able to formulate briefly what tat ort is all about, a synopsis of some sort?

Is this necessary then? For the reason of this book was to set a clear statement?

Well, we are (still) young, dynamic, flexible and intelligent and whoever engages us can be sure, that the outcome doesn´t match her/his expectations at all!

Sorry, but this really sounds like an ad slogan, contentwise I can´t deal with it. I think, that this conversation doesn´t take us anywhere, it rather seem to justify that we lack a clear definition.

Hold on! Such a rupture is decisive, both concerning the relationship to previous works and within a work itself.

For instance?

Take Rocky for example, the dog that meanwhile appeared already twice in our projects without a comment. He is an intruder who says, well it´s nice here, but it could well have been the other way. He is the joke, unhinged from the work, not inherent. The worm that isn´t in, but at it :D

This idea is good in general, unhinged elements, that seemingly don´t belong to the work but are benificial for it.

The dog is a recurrent motif throughout the book… notice the dog on the VG opening flyer for instance.

Yes, but the dog is mine.

tat ort is about the WE!

Not only, but let´s leave this for now… we talked about the rupture…

However, a rupture creates a space in between? And these interstices is one of our favorite subject, suitable for further exploitation.

But we refuse any distinct recipe, by all means. We take the liberty of changing our minds the day after. In general. Doubts are always there anyway and might show up in the work.

We are for the liberation from the bonds of the golden thread!

Have you noticed by the way… that, if you change the vowels from tat ort and switch the order of words you end up with art tot (which means art dead)?

No way!

So or similar a conversation could have proceeded, in case we actually would have had one.

Credits and Postscript

Drawings and images:
All drawings, graphic images and photographs except as noted below
tat ort © 2007

Photographs:
Martin Wagner: p. 61
Wolfgang Thaler: p. 67
IPTS, Institut für Posttayloristische Studien: p. 71
Jane Messinger: pp. 104-105:
Klaus Berlinger: p. 107

tat ort would like to thank Sarah Kolb and Peter Auer for their very special contributions
and last but not least Patrick Ehrhardt for his great commitment and enduring support.